JN448945

최 혁 · 홍기태 공서

애견미용 전공 실습서

전문대학 과정 실습일지 및 실무매뉴얼

동문사

이 책은 저작권법에 따라 보호받는 저작물이므로 무단전재와 무단복제를 금지하며, 이 책 내용의 전부 또는 일부를 이용하려면 반드시 저작권자와 동문사의 서면동의를 받아야 합니다. 무단전재나 무단복제 행위는 저작권법 제136조(벌칙)에 의거, 5년 이하의 징역 또는 5천만 원 이하의 벌금에 처하거나 이를 병과할 수 있습니다.

애견미용 전공 실습서

: 전문대학 과정 실습일지 및 실무매뉴얼

대학교	
학과(전공)	
반	
학 번	
성 명	
연락처	

애견미용 전공 실습서

저 자 소 개

최 혁 Hyuck Choi

- 前) 서정대학교 애완동물과 조교수 역임
- 前) 광주여자대학교 반려동물보건학과 조교수 역임
- 現) 광주대학교 반려동물보건산업학과 학과장

* E-mail : hchoi24@gwangju.ac.kr

홍 기 태 Ki-Tae Hong

- 前) 서정대학교 애완동물과 학과장 역임
- 前) 한국반려동물학연구소 연구소장 역임
- 現) 유한대학교 반려동물산업전공 전공대표

* E-mail : kitae@yuhan.ac.kr

애견미용 전공 실습서

머 리 말

반려동물 산업의 성장과 함께 애견미용사라는 직업에 대한 관심과 열기가 그 어느 때보다 뜨거워졌습니다. 현재의 애견미용은 단순히 반려견의 외형만을 다듬는 것이 아니라 반려견의 건강과 행복을 위한 필수적인 관리 요소로 자리 잡았습니다. 이에 따라 전문적인 기술을 갖춘 애견미용사의 역할이 더욱 중요해지고 있으며, 이를 위한 체계적인 교육과 실습이 필수적으로 요구되고 있습니다.

이 책 '애견미용 전공 실습서'는 이러한 흐름에 발맞춰 전문대학의 교재로 개발된 실습 중심의 매뉴얼로, 애견미용을 처음 배우는 학생부터 중급, 고급 단계의 학생들까지 각 학기별 실습을 진행하며 도움을 받을 수 있도록 구성하였습니다. 매뉴얼을 통해 기초적인 미용 도구 사용법부터 다양한 미용 기법과 실습을 통해 익혀야 할 핵심 사항들을 점검하고 NCS(국가직무능력표준, National Competency Standards) 교과와도 연계하여 학습할 수 있습니다. 또한 지도교수님과 소통하며 직접 기록하고 실습에 임할 수 있도록 각 대학에서 주차 별로 진행되는 실습일지의 형식도 함께 제공하였습니다.

이 책이 애견미용을 배우고자 하는 모든 학생에게 실질적인 가이드가 되고, 나아가 전문적인 애견미용사로 성장하는 데 든든한 길잡이가 되기를 바랍니다. 반려동물과 함께하는 삶을 더욱 아름답고 건강하게 가꿔 나가는데 이 책이 작은 보탬이 되길 기대하며, 애견미용을 향한 여러분의 열정과 도전을 응원합니다.

2025년

저자 **최 혁, 홍기태** 일동

목 차

CHAPTER Ⅰ

애견미용과 미용사

CHAPTER Ⅱ

애견미용 실습

CHAPTER III

실습일지의 작성과 평가

CHAPTER IV

실습일지

CHAPTER V

애견미용 실습 관련 FAQ

MEMO

CHAPTER I

애견미용과 미용사

1. '애견미용'과 '애견미용사'

1) 애견미용의 정의

애견미용(愛犬美容)은 반려견의 건강과 위생을 유지하고, 미적(美的) 가치를 증진하기 위해 수행되는 전문적인 관리 행위를 의미한다.

애견미용의 주요 목적
• 위생 관리 : 목욕, 귀 청소, 발톱 손질 등을 통해 질병 예방 • 피부 및 털 건강 유지 : 빗질과 트리밍을 통해 엉킴 방지, 피부 질환 예방 • 미적 가치 향상 : 견종표준 스타일 또는 개별 맞춤 스타일링 적용 • 반려견 복지 향상 : 개들의 생존권 보장, 유대감 상승, 심리적 안정 도모

2) 애견미용사

애견미용사(愛犬美容師, Dog Groomer)는 반려견의 건강과 미적, 위생적 관리를 위해 전문적인 미용기술과 동물복지(動物福祉) 개념을 적용하여 미용을 수행하는 전문가를 의미한다. 애견미용사는 단순한 미용기술자(Grooming Technician)가 아닌 반려동물의 피부, 털, 위생, 행동, 스트레스 관리에 대한 종합적인 지식을 갖춘 전문가로서 다음과 같은 소임을 수행한다.

애견미용사의 역할
• 전문 미용 기술 수행 : 목욕, 털 손질, 스타일링, 귀 청소, 발톱 손질 등 • 피모(皮毛) 건강 모니터링 : 피부질환, 기생충 감염 여부 사전 삼시 및 보호자 안내 • 반려동물 행동 관리 : 미용 과정에서의 반려견 스트레스 최소화 및 교감 능력 활용 • 반려동물 복지 증진 : 윤리적 미용 방식 적용 및 보호자 교육 수행

3) 애견미용사로서 필요한 능력

- 개의 해부학적 구조와 특성, 피부·모질에 대한 이해
- 견종별 혹은 묘종별 미용 스타일링 기술
- 위생 및 안전관리 능력
- 고객 응대 및 상담 기술

2. 애견미용사 자격시험

반려동물 산업의 성장과 함께 애견미용사의 전문성 또한 중요하게 인식되고 있다. 애견미용업은 하나의 직업 분야로서 체계적인 교육을 통해 전문성을 갖추어야 하며, 이를 위해 검증된 자격증을 취득하는 것은 필수이다. 대한민국에서 공신력 있는 애견미용사 자격증을 발급하는 대표 기관으로는 한국애견연맹(KKF, Korea Kennel Federation)과 한국애견협회(KKC, Korea Kennel Club)가 있다. 두 기관은 각각의 엄격한 기준에 따라 이론과 실기를 검증하는 공인된 자격시험을 운영하고 있다.

1) 한국애견연맹(KKF) - 애견미용사 자격증

한국애견연맹은 1956년에 설립된 국내 최초의 애견단체로 농림부 인가를 시작으로 세계애견연맹(Federation Cynologique Internationale, FCI)의 회원국이다. 국제 규모의 도그쇼 개최 및 애견미용사, 핸들러 등 자격검정을 주관하며, 이 기관에서 발급하는 애견미용사 자격증은 민간자격증으로 분류된다. 3급, 2급, 1급, 교사 등으로 등급이 나누어진다.

(1) 응시 자격

① 회원가입 필요

② 만 15세 이상이면 누구나 3급 시험에 응시할 수 있으며, 상위 등급으로 올라가기 위해서는 하위 등급 자격증 취득 및 일정 기간의 실무경력이 필요함

표 1-1 **애견연맹 애견미용사 등급별 응시 자격**

등급	응시 자격
교사	• 연령 25세 이상, 학력 제한 없음 • 기타 : 1급 자격 취득 후 3년간의 실무경력이 있는 자
1급	• 연령 15세 이상, 학력 제한 없음 • 기타 : 2급 자격 취득 후 2년이 경과한 자
2급	• 연령 15세 이상, 학력 제한 없음 • 기타 : 3급 자격 취득 후 1년이 경과한 자
3급	• 연령, 학력, 기타 : 제한 없음

(2) 시험절차

① 필기시험과 실기시험으로 구성

② 접수 → 필기검정 → 실기검정 → 합격 후 자격증 취득

※ 필기와 실기 동일 날짜에 진행

(3) 시험과목

필기 30분, 실기 120분

① 애견미용사 3급

구분	1차 필기시험	2차 실기시험
과목	견의 역사와 특성 그루밍의 기초 이론 트리밍의 기초 이론 견체학 기초 기초 수의 위생관리학	모델견의 작업전 상태 브러시 미용 기술 모델견의 완성도 도구의 취급수준 모델견의 취급수준

② 애견미용사 2급

구분	1차 필기시험	2차 실기시험
과목	견의 역사와 특성 그루밍의 기초 이론 트리밍의 기초 이론 견체학 기초 기초 수의 위생관리학	모델견의 작업전 상태 브러시 미용 기술 모델견의 완성도 도구의 취급수준 모델견의 취급수준

③ 애견미용사 1급

구분	1차 필기시험	2차 실기시험
과목	그루밍의 고급 이론 트리밍의 고급 이론 견종학 견체학 실무 수의 위생관리학 애완동물 개론 및 심리	모델견의 작업전 상태 브러시 미용 기술 모델견의 완성도 도구의 취급수준 모델견의 취급수준

④ 애견미용사 교사

구분	1차 필기시험	2차 실기시험
과목	견의 역사와 특성 그루밍의 기초 이론 트리밍의 기초 이론 견체학 기초 기초 수의 위생관리학	모델견의 작업전 상태 브러시 미용 기술 모델견의 완성도 도구의 취급수준 모델견의 취급수준

(4) 합격기준

① 3급 : 실기, 필기 모두 60점 이상의 점수 합격

② 2급 : 실기, 필기 모두 60점 이상의 점수 합격

③ 1급, 교사 : 실기, 필기 모두 80점 이상의 점수 합격

2) 한국애견협회(KKC) - 반려견스타일리스트 자격증

한국애견협회는 농림부 장관의 허가를 받은 애견단체로, 세계인명구조협회 IRO 회원국, 세계셰퍼드견연맹 WUSV회원국이다. 반려견스타일리스트 자격증을 발급하며 이 자격증은 국가공인 민간자격으로 분류된다. 등급은 3급(공인), 2급(공인), 1급(공인), 사범(비공인)으로 나누어진다.

(1) 응시 자격

① 회원가입 필요

② 3급은 학력, 경력, 연령 등 특별한 제한 없이 누구나 응시 가능하며, 2급 이상의 등급은 순차적으로 취득할 수 있음. 2급 이상의 등급은 실무경력이 필요함

표 1-2 애견협회 반려견스타일리스트 등급별 응시자격

사범 (비공인)	• 연령, 학력 : 제한 없음 • 기타 : 1급 자격 취득 후 3년간의 실무경력이 있는 자
1급 (공인)	• 연령, 학력 : 제한 없음 • 기타 : 2급 자격 취득 후 1년 이상의 실무경력 또는 교육훈련을 받은 자
2급 (공인)	• 연령, 학력 : 제한 없음 • 기타 : 3급 자격 취득 후 6개월 이상의 실무경력 또는 교육훈련을 받은 자
3급 (공인)	• 연령, 학력, 기타 : 제한 없음

(2) 시험절차

① 필기시험과 실기시험으로 구성(필기 : 객관식 5지선다형 구성)

② 필기접수 → 필기검정 → 실기접수 → 실기검정 → 합격 후 자격증 취득

※ 실기시험의 접수는 필기시험 합격자에 한함

(3) 시험과목

① 반려견스타일리스트 3급(공인)

구분	1차 필기시험(50문항/60분)	2차 실기시험(120분)
과목	1. 반려견미용관리(20) 2. 반려견기초미용(10) 3. 반려견일반미용1(20)	램클립

② 반려견스타일리스트 2급(공인)

구분	1차 필기시험(50문항/60분)	2차 실기시험(택1/120분)
과목	1. 반려견일반미용2(30) 2. 반려견특수미용(20)	1. 맨하탄클립 2. 볼레로맨하탄클립 3. 소리터리클립 4. 다이아몬드클립 5. 더치클립 6. 피츠버그더치클립

③ 반려견스타일리스트 1급(공인)

구분	1차 필기시험(50문항/60분)	2차 실기시험(택1/120분)
과목	1. 반려견일반미용3(25) 2. 반려견고급미용(25)	1. 잉글리쉬새들클립 2. 컨티넨탈클립 3. 퍼피클립

④ 반려견스타일리스트 사범(비공인)

구분	1차 필기시험(25문항/30분)	2차 실기시험(택1/90분)
과목	반려견고급미용(25)	1. 잉글리쉬새들클립 2. 컨티넨탈클립 3. 퍼피클립

(4) 합격기준

과목당 40점 이상의 점수와 전 과목 평균 60점 이상 합격(필기 : 과목당 40점 미만 과락)

※ 참고사항

- 한국애견연맹 공식 웹사이트: https://www.thekkf.or.kr
- 한국애견협회 공식 웹사이트: https://kkc.or.kr

3. 애견미용(사) 실습교과 개요

1) 교과목 개요

애견미용(사) 실습교과목은 학생들에게 실질적인 애견미용기술과 현장에서의 응용력을 배양하기 위해 편성되었다. 실습은 위그(wig)를 포함하여 말티즈(Maltese), 푸들(Poodle), 비숑프리제(Bichon Frise), 시추(Shih Tzu) 등 다양한 견종을 다루며, 미용 기술뿐만 아니라 동물 행동에 대한 이해와 안전한 작업 환경 조성법 등을 함께 학습한다.

2) 실습 목적

반려동물(전공)과의 실습은 반려견의 위생과 건강을 유지하면서 미용 기술을 익히기 위한 과정으로, 학생들이 실습 중 안전하고 효과적으로 미용 기술과 절차를 익힐 수 있도록 하는 것을 목적으로 한다.

3) 학습 목표

- 위그견체 및 견종별 특성을 고려한 미용 기술 습득
- 미용 도구의 올바른 사용법과 유지 관리
- 실습 기록을 통해 자기 평가와 발전 방향 설정
- 고객과의 소통(Communication) 기술 함양

4) 미용실습의 중요성

- 실습은 이론으로는 알 수 없는 실제 상황을 경험하고 문제 해결 능력을 키우는 데 필수적이다.
- 애견미용은 반복적이고 꾸준한 연습이 필요한 분야로, 실습을 통해 기술이 완성되며, 전문성과 자신감을 높일 수 있다.
- 실습 과정에서 견종별 특성과 다양한 상황에 대한 대응 능력을 자연스럽게 습득하게 된다.
- 충분한 실습 경험은 현장 적응력과 기술의 완성도를 높이고, 향후 취·창업 시 고객에게 신뢰를 얻고 경쟁력을 확보하는 핵심 요소가 된다.

4. 전문대학(2~3년 과정) 애견미용 교과의 편성

애견미용 실습을 위한 교육과정은 학교마다 차이가 있으나, 일반적으로 기초미용부터 고급미용, 특수미용, 동물행동학, 창업 및 경영까지 포함되며, 보통 전문대 2, 3년제와 4년제 과정에 따라 교육과정이 다르게 구성된다.

1) 대학의 애견미용 교과의 편성

- 학기당 1교과 혹은 1~2교과 편성 (최대 3교과 실시)
- 각 대학마다 15주~16주 편성

2) 2년제 과정(전문학사)

실무 중심의 전문 기술인력 양성

- 기본적인 애견미용의 기술 습득과 빠른 취업에 중점을 둠
- 자격증 취득과 실무 위주의 교육과정

〈 (예시) 전문대학 기준 / 2년제 〉

학년	학기	교과	주차	비고
1학년	1학기	애견미용교과	15주	기초 및 공통교과
	2학기	애견미용교과	15주	실습
2학년	1학기	애견미용교과	15주	실습
	2학기	애견미용교과	15주	실습

학기	1학년	2학년
교육내용	기초 애견미용 그루밍학 펫미용2 응용미용	고급 미용 펫미용 쇼미용 특견미용
자격증	애견미용사 3급	애견미용사 2급

표 1-3 2년제 전문대학 기준 애견미용 교과편성(예시)

3) 3년제 과정(전문학사)

심화 실습과 직무 역량 강화를 통한 전문 기술인력 양성

- 2년제 과정과 유사하나 1년(2학기)이 추가됨
- 기초부터 고급까지 체계적이고 심도 있는 운영에 중점을 둠
- 교육(이론, 실습) 시간 확보가 유리
- 안정적인 자격증 취득

〈 (예시) 전문대학 기준 / 3년 과정 〉

학년	학기	교과	주차	비고
1학년	1학기	애견미용교과	15주	기초 및 공통교과
	2학기	애견미용교과	15주	실습
2학년	1학기	애견미용교과	15주	실습
	2학기	애견미용교과	15주	실습
3학년	1학기	애견미용교과	15주	심화
	2학기	애견미용교과	15주	심화

학기	1학년	2학년	3학년
교육내용	기초그루밍 그루밍론	펫미용 랩클립 응용미용	고급미용 쇼미용
자격증		애견미용사 3급	애견미용사 2급

표 1-4 **3년제 전문대학 기준 애견미용 교과편성(예시)**

4) 4년제 대학

4년제 대학은 실무 중심의 전문 기술인력 양성보다는 학문적 연구와 이론에 중점을 둔 교육을 지향함

- 기초 미용을 포함하여 경영과 학문적 연구에도 중점을 둠
- 미용 실습을 포함한 반려동물 경영, 위생, 행동학, 윤리, 연구방법론 등과의 통합적 연계를 통해 고차원적 교육과정 구성이 가능
- 커리큘럼의 경우 8학기(4년) 전체를 오직 미용에만 할애하지는 않으며, 실습 인프라의 구축 수준에 따라 미용 분야는 전문대학과 유사하게 운영 가능
- 운영하기에 따라 가장 폭넓은 이론과 실습의 종합적인 편성이 가능하기도 함

5. NCS 교과의 편성

※ 출처(국가직무능력표준) : https://www.ncs.go.kr

1) NCS교과와 애견미용

반려가구가 늘고 반려동물 산업이 성장하면서 전문적인 애견미용 기술이 요구되고 있다. 이러한 흐름에 맞추어 애견미용사가 갖추어야 할 실무 역량을 체계적으로 구성하고자 2015년 고용노동부가 주관하고 한국산업인력공단이 개발과 운영을 담당하여 NCS에서 애견미용분야는 '애완동물미용'이라는 직무로 개발되었다.

2) 국가직무능력표준이란?

국가직무능력표준(NCS, National Competency Standards)은 산업현장에서 직무를 수행하기 위해 요구되는 지식·기술·소양 등의 내용을 국가가 산업부문별·수준별로 체계화한 것으로 산업현장의 직무를 성공적으로 수행하기 위해 필요한 능력(지식, 기술, 태도)을 국가적 차원에서 표준화한 것을 의미한다.

3) 사업수행 법적 근거

「자격기본법」
(제2조제2호) "국가직무능력표준"이란 산업현장에서 직무를 수행하기 위하여 요구되는 지식, 기술, 소양 등의 내용을 국가가 산업부문별, 수준별로 체계화한 것을 말한다.

4) NCS분류

24.농림어업 → 02.축산 → 01.축산자원개발 → 06.애완동물미용

5) 직무 정의

직무명	직무 정의
애완동물미용	애완동물 미용은 인간과 더불어 사는 동물의 위생과 아름다움을 위하여 고객의 요구와 개체별 특성에 맞는 미용 방법으로 일상적인 관리, 스타일 작업을 하고, 고객 및 기자재 관리업무를 수행하는 일이다.

6) 학습모듈_능력단위

NCS가 현장의 '직무 요구서'라고 한다면, 학습모듈은 NCS의 능력단위를 교육훈련에서 학습할 수 있도록 구성한 '교수·학습 자료'이다.

표 1-5 NCS 학습모듈 능력단위 요소

순번	능력단위	수준	능력단위요소	분류번호
1	애완동물미용 안전·위생관리	3	안전교육하기 안전장비 점검하기 미용 숍 위생관리하기 작업자 위생관리하기	2402010601_15v1
2	애완동물미용 기자재관리	3	미용도구 관리하기 미용 소모품 관리하기 미용장비 유지보수하기	2402010602_15v1
3	애완동물미용 고객 상담	3	고객 응대하기 고객관리차트 작성하기 애완동물 상태 확인하기 스타일 상담하기 작업 후 고객 상담하기	2402010603_15v1
4	애완동물 목욕	2	브러시 작업하기 샴푸하기 린스하기 드라이하기	2402010604_15v1
5	애완동물 기본미용	2	미용도구 활용법 파악하기 발톱 관리하기 귀 관리하기 기본 클리핑하기 기초 시저링하기	2402010605_15v1
6	애완동물 일반미용	3	개체 특성 파악하기 클리핑하기 시저링하기	2402010606_15v1
7	애완동물 응용미용	4	응용 스타일 구상하기 도구 응용 사용하기 응용 스타일 완성하기	2402010607_15v1
8	애완동물 염색	3	염색 준비하기 염색 작업하기 염색 마무리하기	2402010608_15v1
9	애완동물 장모관리	4	장모종 브러시 작업하기 장모종 목욕하기 장모종 드라이하기 장모종 래핑·밴딩하기	2402010609_15v1
10	애완동물 쇼 미용	5	품종 표준미용 파악하기 테이블 매너 훈련하기 쇼 미용 커트하기 쇼 미용 스트리핑하기 쇼 미용 메이크업하기	2402010610_15v1

대한민국의 대학들은 자율적으로 교육과정을 설계할 수 있으며, 각 대학마다 NCS를 적용하는 것이 일률적이지 않아 부분적으로 반영하거나 따르지 않을 수 있다. 하지만 NCS는 정부가 권장하고 지원하는 제도로 많은 대학이 이를 반영하고 있기에 NCS분야의 '애완동물미용'을 간략히 소개하는 바이며 자세한 내용은 국가직무능력표준(www.ncs.go.kr)에서 안내받을 수 있다.

CHAPTER Ⅱ

애견미용 실습

1. 실습준비

1) 대학교 애견미용 실습실의 주요 특성

- 이론 수업과 실기 실습이 연계되는 교육 중심 공간
- 다수 학습자와 1인 교수자 중심의 구조 설계
- 반려견과 사람(학생)의 밀접한 상호작용 공간
  - 실습견의 복지와 실습자의 안전 확보가 고려
- 전력 및 수도 사용이 집중되는 실습환경
  - 감전, 화재, 배수 관련 안전 관리 필요
- 위생 및 감염병 예방 중심의 공중보건 관리 구조
  - 위생관리, 소독, 감염병 차단 등의 실천 교육 강조

2) 실습의 준비

(1) 사전 준비사항

① 개인 위생 확인 : 손씻기, 짧은 손톱 유지

② 개인 미용도구 및 기자재 점검

③ 실습복 착용(가운, 앞치마, 팔토시 등)

(2) 미용 도구 및 장비 사용법 숙지

① 클리퍼 : 다양한 날 교제법과 사용 시 수의점

② 가위 : 곡선, 직선 가위 사용법

③ 빗과 브러시 : 털 타입에 따른 선택

④ 미용테이블과 고정대(arm) : 높이 조절, 흔들림 및 미끄럼 방지, 움직임 제한

⑤ 드라이기 : 피부와 털 손상을 방지하는 올바른 사용법

⑥ 드라이 장비 및 베이싱실 준비 : 타월, 샴푸, 린스, 욕조 외

⑦ 모델견 대기장 점검 : 위생상태, 잠금장치 이상 유무 체크

(3) 위생 및 안전 규정

① 도구 소독 및 관리 요령

② 모델견 및 작업자의 안전을 위한 규칙

③ 모델견의 건강 상태 점검

(4) 모델견(실습견) 상태 점검

애견미용 실습에 사용되는 실습견(실견)의 상태를 꼼꼼히 점검하는 것은 실습의 가장 기본적인 절차이며 매우 중요한 일이다. 실견의 건강과 스트레스 상태를 점검하여 실습견의 안전을 우선적으로 확보하고, 실습 중 예상되는 위험을 줄일 수 있다. 실습 전에는 기본 건강 체크리스트와 상태 기록지를 작성하고, 이상 징후가 있을 경우 담당 지도교수에게 신속히 보고해야 한다.

〈 실습견 점검 사항 〉

표 2-1 실습견 점검 사항

점검 항목	점검내용
건강 상태 확인	• 활력 상태 : 무기력하거나 지나치게 예민하지 않은지 • 구토, 기침, 콧물, 눈곱 등 증상 유무 • 체온, 심박수, 호흡수 확인 (정상 범위 내인지) • 식욕 및 배변 상태 : 최근 식사 여부, 설사/변비 유무 • 예방접종 및 구충 여부
피모 상태 점검	• 털 상태 체크 → 엉킴(매트), 털 빠짐 • 외부 기생충 → 이, 벼룩, 진드기 유무 • 상처, 발진, 종양, 염증 유무
신체 부위 상태 확인	• 귀 : 악취, 분비물, 붉어짐 유무 • 눈 : 충혈, 눈곱, 눈물 자국 확인 • 항문 주변 : 분비물, 냄새, 부종 유무 • 발바닥 패드 : 갈라짐, 상처, 이물질 유무 • 암컷 : 발정기 여부 (생리 중일 경우 실습 제한 고려)
행동 및 성격 파악	• 공격성 여부 : 낯선 사람이나 도구에 대한 반응 • 사회화 상태 : 다른 동물 및 사람과의 상호작용 • 스트레스 반응 : 불안, 떨림, 숨기 등 • 수컷 : 마킹 습관
보호자와의 커뮤니케이션	• 특이사항 청취 예) 특별히 민감한 부위, 짖거나 물 수 있는 습관 등
기록지 작성	• 실습 전 상태 기록지 작성 (체크리스트 형태) • 필요시 사진 촬영 후 기록 (특이 피부병, 엉킴 등)

☞ 모델견의 선정 및 관리편 참조

[예시]

애견미용 실습 전 실견 상태 점검 기록지

■ 담당자 성 명 : (서명)
■ 점 검 일 자 : 년 월 일

항목	세부 내용		확인 여부(✓)	비고
기본 정보	견종	예: 말티즈, 푸들 등		
	이름 / 성별	예: 코코 / ♂♀		
	나이 / 체중	예: 3세 / 4.2kg		
	보호자 정보	연락처 포함		
건강 상태	활력 상태 양호	무기력 / 과민 반응 없음		
	식욕 정상	최근 식사 여부 확인		
	배변 상태 양호	설사 / 변비 / 혈변 여부		
	호흡 및 심장 박동 정상	과호흡, 기침, 무호흡 없음		
	구토 / 콧물 / 기침 없음	최근 유무 확인		
외형 및 피부 상태	피부 이상 없음	발진, 상처, 종양 등		
	털 상태 양호	엉킴, 탈모, 기생충 여부		
	귀 상태 정상	악취, 염증, 진드기		
	눈 상태 양호	충혈, 눈곱, 눈물 자국		
	항문 주변 깨끗함	분비물, 부종 유무		
	발바닥 패드 이상 없음	상처, 갈라짐 등		
행동 및 성격	공격성 없음	물기, 짖음, 낯선 사람 반응		
	사회성 양호	다른 동물/사람에 대한 반응		
	스트레스 반응 없음	떨림, 숨기, 과민반응 등		
예방접종 및 구충	예방접종 완료	광견병, 종합백신 등		
	구충 완료	내부/외부 기생충 예방		
특이사항	발정기 여부 확인	♂ 마킹 여부 / ♀ 생리 유무		
	특이 사항	예: 허리 디스크, 알레르기 등		
	보호자 요청사항	예: “꼬리 건들지 마세요”		

표 2-2 애견미용 실습 전 실견 상태 점검 기록지

2. 사고의 유형과 실습환경의 점검

1) 실습실 환경 점검의 필요성

- 실습견과 실습자(미용사)의 안전 확보
- 위생 관리 및 질병 예방
- 원활하고 효율적인 실습환경 조성 → 효율성 증가

2) 사고의 유형

(1) 개물림 사고

① 개와 사람 간의 물림 사고

② 개와 개 간의 물림 사고

(2) 피부병, 기생충, 인수공통감염병 등의 전염(병)

① 피부병(곰팡이, 진균성 피부염 등)

② 외부 기생충 감염(벼룩, 진드기 등)

③ 인수공통감염병 전파 가능성(광견병)

(3) 미용장비 및 도구에 의한 사고

① 화상(드라이기, 클리퍼 등 고온 접촉)

② 찰과상 및 베임(가위, 클리퍼 사용 중)

③ 낙상 및 골절(테이블, 욕조 등에서의 추락)

④ 기계 오작동에 따른 부상

(4) 도주

① 미용 중 케이지 탈출 또는 목줄 탈착

② 문단속 미흡으로 외부로 도주(필요시 이중문 설치)

③ 보호자 미동반 상태에서의 실종

(5) 교미, 불필요한 접촉

① 발정기 개체 간의 의도치 않은 교미

② 성적 행동으로 인한 마찰 또는 스트레스

(6) 불필요한 음식물(사료, 간식) 섭취

① 알레르기 유발 간식 또는 사료 섭취

② 바닥에 떨어진 이물 또는 식품 섭취

③ 다른 개의 사료나 간식 섭취

(7) 기타 사고

① 화재 : 전기기구 과열, 털과 먼지로 인한 화재 발생

② 감전 : 장비 코드 씹기, 노출된 전선 접촉

③ 미끄러짐, 넘어짐 : 물기 또는 털로 인한 바닥 미끄러움

④ 호흡곤란 : 스트레스로 인한 과호흡 또는 목줄 질식

※ 대학 내 애견미용 실습실에 이중문이 없는 이유

- 일선 현장에서의 이중문 설치 필요성
  - 반려견의 도주로 인한 분실 및 사고를 방지하기 위해, 이중문 설치가 필수적임 (1차 문을 빠져나가더라도 2차 문에서 제지 가능 / 도주 시 일반 도로)
  - 일부 지자체 조례 또는 「동물보호법 시행규칙」에서는 이중문 설치를 권고하거나 의무화하여, 법적 안전 기준을 충족하도록 하고 있음
- 대학 실습실 환경의 특수성
  - 영업 공간이 아닌 교육목적 공간이므로, 일반 고객의 방문 빈도가 낮고 그에 따른 도주사고 위험성도 상대적으로 낮음
  - 대학 실습실은 복도와 강의실이 연계된 구조로, 반려동물의 도주 시 즉각 대응이 가능
  - 교수, 조교, 학생 등 다수의 인력이 상시 배치되어 있어, 반려동물에 대한 통제가 지속적으로 이루어지기 때문에 탈주 가능성을 최소화할 수 있음
  - 「동물보호법」 및 교육부, 수의·동물 미용 관련 인가 기준에는 이중문 설치를 필수로 규정한 조항은 없음

3) 실습실 환경 점검

안전하고 청결한 실습실 환경 조성을 위해 다음 항목을 점검한다.

표 2-3 실습실 환경 점검 사항

점검 항목	점검내용
조명과 환기	• 실습장 내 충분한 밝기의 조명(LED) 설치 • 실내 공기 순환을 위한 환기팬, 배기 시설 설치
전기시설	• 클리퍼, 드라이기, 기타 전자기기 작동 여부 확인 • 누적된 털(毛)로 인한 화재 위험 여부 확인 • 다수 사용자에 의한 과부하, 과전압, 누전 여부 확인 • 합선 및 감전 방지를 위한 코드 연결 상태 확인
실습공간	• 미용 공간, 베이싱실, 드라이실, 대기공간 분리 - 유리창 또는 칸막이, 안전문 활용 - 청결하고 안전한 대기 케이지 • 바닥 및 벽면, 전기 시설에 털이 쌓이지 않도록 정기적인 청소 • 개가 놀라지 않고 타 학과 학생들에게 방해가 되지 않도록 방음 시설 또는 소음 최소화 • 안전수칙 안내 및 매뉴얼 비치 - 작업자 안전수칙 - 전기 및 화재 안전수칙 - 동파 및 누수 대비 안전수칙(베이싱실)
주변정리	• 움직임과 동선을 고려한 정리 정돈 • 실습도구 및 장비는 사용 후 제자리에 보관(공용품) • 불필요한 의자, 옷, 가방 등을 별도의 공간 및 보관 장소 마련 - 사물함, 탈의실
청결	• 충분한 양의 청소도구 확보 • 실습실 내 작업대, 미용 도구 소독 및 청결 유지 • 베이싱이나 미용 후 배수구 배수 및 청결상태 확인 • 배변 및 오물에 의한 실습견 대기케이지 청결 유지
응급키트 비치	• 지혈제, 소독약, 붕대, 거즈, 반창고 등 낙상 및 찰과상 대비 - 기타 핀셋, 가위, 체온계 등 • 개물림 사고 대비 - 마스크 및 넥카라(엘리자베스 카라) 비치

3. 안전수칙

애견미용 실습실은 모든 미용행위가 이루어지는 공간으로 미용 도구 사용, 실습견의 안전 확보, 실습생의 부상 예방 등 다양한 안전 요소를 고려해야 한다. 안전한 실습 환경을 조성하면 실습견의 스트레스 감소와 실습생의 능률과 숙련도 향상 효과를 동시에 기대할 수 있다.

1) 실습 전 안전 준비

표 2-4 실습 전 안전 체크 사항

항목	체크내용	체크
실습실 환경 점검	조명 및 환기 상태 확인	
	바닥 미끄럼 방지 조치 (고무매트 사용)	
	전기시설(콘센트, 전선, 차단기) 정상 작동 여부 점검	
	미용도구 정리, 날카로운 도구(가위, 클리퍼 등) 안전 보관	
	응급키트(소독약, 지혈제, 붕대) 비치	
실습생 안전 복장	미끄럼 방지 신발 착용	
	긴 머리 묶기	
	필요시 보호 장구 착용 가능	
	장신구(반지, 팔찌 등) 착용 해지(실습견에게 걸릴 위험 방지)	
실습견 안전 체크	실습견 건강 상태 확인 (피부병, 기생충 감염 여부)	
	실습견 성격 및 스트레스 반응 확인	
	미용 전 대소변을 볼 시간 제공하여 안정된 상태 유지	
	미용에 적합한 목줄(리드줄) 준비 및 안전한 고정	

2) 실습 중 안전 수칙

표 2-5 실습 중 안전 체크 사항

항목	체크내용	체크
미용 도구 사용 안전 수칙	가위 및 클리퍼 사용 전 날 상태 점검 (무딘 날은 교체)	
	클리퍼 사용 시 반려견의 피부를 잡아당기지 않도록 주의	
	클리퍼, 드라이기 과열 방지 (사용 중간중간 식힘)	
	날카로운 도구는 작업 후 즉시 제자리에 보관	
실습견 보호 및 안전 확보	미용 테이블에서 반려견의 갑작스러운 움직임 방지	
	장시간 미용 시 중간 휴식 제공	
	반려견의 스트레스 신호(헥헥거림, 몸 떨림, 귀 젖힘) 확인 후 조치	
	예민한 부위(눈 주변, 귀 안쪽, 발톱) 미용 시 각별한 주의	
	이상 행동(공격성, 심한 불안) 보이면 미용 중단	
화상 및 부상 방지	드라이기 사용 시 온도 조절 필수(지나친 고온 사용 금지)	
	발톱 정리 시 과도한 절단 주의(혈관 절단 주의)	
	미용 중 반려견이 갑자기 움직이지 않도록 보정	

3) 실습 후 안전 수칙

표 2-6 실습 후 안전 체크 사항

항목	체크내용	체크
실습견 사후 점검	미용 후 피부 상태 점검 (상처, 붉은 반점 확인)	
	귀, 발톱, 눈 주변 청결 상태 확인	
	미용 후 보호자에게 실습견 상태 보고 및 주의사항 전달	
실습실 정리 및 위생 관리	사용한 미용 도구(가위, 클리퍼, 빗) 소독 및 정리	
	바닥 및 테이블 털 청소	
	소독제를 사용하여 실습 공간의 위생 유지	

4) 응급 상황 대처 방법

표 2-7 응급상황 시 점검 사항

항목	대처내용
출혈 (지혈 필요)	발톱 혈관 절단 시 → 응급 지혈제 사용
	작은 상처 → 소독 후 지혈 패드 적용
	출혈이 심한 경우 → 즉시 병원 이송
화상	드라이기 화상 발생 시 → 즉시 냉찜질 후 화상 연고 도포
	심한 화상(물집 발생 시) → 즉시 동물병원 방문
실습견의 갑작스러운 쓰러짐(쇼크)	즉시 미용 중단 및 반려견 안정화
	기도가 막히지 않았는지 확인
	보호자에게 즉시 연락 후 병원 이동
실습생 부상	즉시 상처 부위 압박 후 소독
	심한 출혈 시 응급 조치 후 병원 방문
화재	화재의 알림, 화재경보기 작동, 신고 등
	소화전 및 소화기를 사용한 초동 대처
	실습견과 함께 신속한 대피(필요시 적신 수건 활용)

4. 실습실 위생과 소독 관리

애견미용 실습실은 인간과 반려동물이 밀접하게 상호작용하는 특수한 교육 환경으로, 위생 관리 및 감염병 예방 조치는 공중보건학적 관점에서도 매우 중요하다. 따라서 미래의 전문 미용사로서의 역량을 갖추기 위해서는 체계적인 소독 지식과 위생관리 실천 능력이 필수적으로 요구된다.

1) 소독(消毒, Disinfection) 관리

(1) 애견미용과 소독

소독이란 병의 감염이나 전염을 예방하기 위해 약품, 일광, 열, 증기 등을 이용해 미생물이나 병원균을 사멸하거나 그 증식을 억제하는 것을 의미한다. 애견미용에서 소독은 미용 도구나 장비, 실습 공간, 손 등을 청결히 하고 세균, 바이러스, 기생충의 전파를 막는 과정이다.

(2) 소독력

멸균 > 살균 > 소독 > 방부 > 청결 > 위생

표 2-8 소독력 강도에 따른 주요 내용 정리

용어	강도	내용
멸균 (Sterilization)	★★★★★	모든 미생물과 그 포자까지 완전히 제거 또는 사멸
살균 (Disinfection or Germicidal action)	★★★★☆	대부분의 병원성 미생물 사멸 단, 포자(spore)는 제거되지 않을 수 있음 고수준 소독(high-level disinfection) 포함
소독 (Disinfection)	★★★☆☆	병원체를 제거 또는 비활성화, 감염 예방 목적
방부 (Antisepsis)	★★☆☆☆	살균보다는 약하지만, 생체조직(피부, 점막 등)에 적용 가능
청결 (Cleaning)	★☆☆☆☆	이물질(유기물, 먼지 등)을 제거하는 물리적 과정 미생물을 직접 죽이지 않지만 소독 효과를 높이는 전처리 단계
위생 (Sanitation or Hygiene)	★☆☆☆☆	건강 유지 목적의 전반적인 청결 상태 유지 개인위생, 식품위생, 생활환경 관리 등 포괄적인 개념

(3) 소독 방법

① 물리적 소독(Physical Disinfection)

열, 압력, 자외선, 방사선, 초음파 등 물리적 수단을 이용하여 미생물을 사멸하는 방법이다. 물리적 소독은 화학적 잔류물이 없고 독성이 낮아 인체나 동물, 환경에 미치는 영향이 적다는 장점이 있으나 고온, 방사선, UV에 민감한 물질(플라스틱, 섬유 등)은 소독이 불가능하거나 손상이 우려된다는 단점이 있다.

가. 고온소독(열소독) : 80~100℃ 이상의 열로 미생물을 사멸하는 방법
예) 끓임, 스팀기
나. 자외선(UV) 소독 : 인공적으로 발생시킨 자외선으로 미생물을 사멸하는 방법
예) 살균램프
다. 일광소독(태양광소독) : 태양광에 노출시켜 미생물을 살균, 건조하는 방법
예) 직물류 건조
라. 초음파 소독 : 초음파로 미생물을 사멸하는 방법
예) 초음파 세척기
마. 환기 및 공기 정화 : 털과 먼지 제거 후 공기청정기 또는 환기팬 사용

② 화학적 소독

소독제를 사용하여 미생물을 사멸하는 방법이다. 화학적 소독은 침투력이 우수하여 빠른 시간 내에 효과적으로 소독할 수 있다는 장점이 있으나 화학적 잔류물에 의한 독성이 피부를 자극하거나 동물에게 해를 끼칠 수 있다는 단점이 있다.

가. 소독제 사용 : 도구 및 실습실 소독
나. 70% 알코올 : 가위, 핀셋, 클리퍼 날 등의 금속 도구 소독
다. 차아염소산나트륨(락스 1:10 희석) : 바닥, 배수구, 케이지 살균
라. 4급 암모늄 화합물(QUATs): 바이러스 및 박테리아 제거(테이블, 벽면 소독)
마. 클로르헥시딘(Chlorhexidine) : 피부와 손 소독에 사용 가능

※ 소독제 사용 시 주의사항

- 소독 후 반드시 깨끗한 물로 헹굴 것
- 반려견이 닿을 수 있는 곳은 저자극 소독제 사용
- 필요에 따라 안전장비(장갑) 착용 후 사용
- 환기 필수

❑ 미용 도구별 소독 방법

표 2-9 애견미용 도구별 소독 방법 및 빈도

	도구	방법	빈도
1	가위	전용제 및 알코올 소독, 고온 소독	사용 후 매일
2	클리퍼, 날	전용 클리너 소독, 고온 소독	사용 후 매일
3	빗, 브러시 류	뜨거운 물, 세척제 사용 후 건조	사용 후 매일
4	타월	60도 이상의 고온세탁	사용 후 매일
5	견방석, 깔개	60도 이상의 고온세탁	사용 후 매일
6	테이블	전용제 및 알코올 소독	사용 후 매일
7	케이지, 대기장	세척제 후 건조, 저자극 소독제	사용 후 매일
8	배변판	락스(NaClO) 희석액	사용 후 매일

2) 공중보건학적 관리

애견미용 실습실은 반려견과 사람이 머무르며 실습이 이루어지는 공간으로, 전염병 예방과 철저한 위생 관리가 필수적이다. 따라서 반려견과 실습자(미용사)의 건강을 모두 고려한 공중보건학적 관리가 체계적으로 이루어져야 한다.

(1) 감염 예방

① 반려견 건강 상태 확인

가. 미용 전 피부병, 기생충(벼룩, 진드기), 눈·귀 질환 검사

나. 감염 의심 반려견은 별도 공간에서 관리 후 소독

다. 예방접종 완료 여부 확인(광견병, 코로나, 켄넬코프 등 주요 전염병)

② 교차 감염 방지

가. 미용 후 테이블 및 도구 개별 소독

나. 케이지 및 대기 공간은 이용 후 세척, 소독

다. 환기 및 습도 조절(습한 환경 → 곰팡이, 박테리아 증식 위험)

③ 개인위생 및 손 위생 철저

가. 미용 전후 비누 또는 손 소독제 사용

나. 필요시 교차 감염 방지를 위한 반려견별 일회용 장갑 사용

다. 실습자 대상 감염병 및 위생 교육(공중보건학) 의무화

(2) 환경 위생

① 실내 공기질 관리

가. 털 날림 방지를 위한 공기청정기 및 배기시설 설치

나. 분무형 소독제를 활용하여 공기 중 세균 및 바이러스 제거

다. 습도는 40~60% 범위로 유지하여 세균 및 곰팡이 증식 억제

② 바닥 및 배수구 관리

가. 배수 시설은 털과 이물질이 쌓이지 않도록 정기적으로 청소

나. 바닥은 소독 후 완전히 건조시켜 미끄럼 사고를 방지하고 위생상태 유지

③ 소음 및 스트레스 관리

가. 소음이 적은 클리퍼, 드라이기 사용

나. 필요시 아로마테라피, 클래식음악 등 진정 효과가 있는 요소를 활용하여 반려견의 불안감 완화

3) 응급상황 대비 위생 관리

애견미용 실습 중에는 반려견의 예기치 않은 상처, 낙상, 전기 사고 등 다양한 응급 상황이 발생할 수 있으므로, 이를 사전에 예방하고 신속하게 대응할 수 있는 위생 및 안전관리 체계를 갖추는 것이 중요하다.

(1) 응급키트 준비

가. 실습 시에는 주로 교상(咬傷)이나 찰과상(擦過傷)에 의한 사고가 높음

나. 붕대, 거즈, 반창고, 등 : 교상과 찰과상 보호

다. 지혈제 : 발톱을 깊게 깎았을 때 사용

라. 연고, 소독약(포비돈 요오드, 클로르헥시딘) : 작은 상처 소독

※ 응급처치 후 증상이 지속되거나 악화될 경우 즉시 의학적 조치를 해야 함

(2) 미끄럼 방지를 위한 물기, 습기 관리

가. 미끄럼 방지 매트 : 미용테이블이나 욕조바닥에 설치하여 반려견의 낙상 방지

나. 털 건조 후 물기 제거하여 곰팡이 및 피부질환 예방

(3) 전기 안전 점검

가. 미용 기구(클리퍼, 드라이기) 전선 손상 여부 확인

나. 누전 차단기 및 접지 콘센트를 설치하여 감전 사고 예방

5. 모델견의 선정 및 관리

애견미용 실습에서 실습견의 선정과 관리는 교육의 방향과 질을 결정하는 매우 중요한 요소이다. 교육목적과 실습 단계에 따라 적절한 위그(모형견) 또는 실습견(실견)을 선택하고, 각 특성에 맞는 체계적 교육과 관리를 통해 반려견의 스트레스와 부상 위험을 줄이고, 교육의 효과를 극대화할 수 있다.

1) 실습 모델의 유형

(1) 위그(Wig, 모형견) : 견체 모형에 인조털을 씌워 사용하는 실습도구

→ 주로 기초과정이나 반복 실습에 사용 (상급 과정용도 있음)

(2) 실견(실습견) : 실제 반려견을 대상으로 하는 실습 모델

→ 응용 기술 및 현장 대응 능력 함양을 목표 사용

위그(모형견) ← **실습** → **실견(실습견)**

2) 위그와 실견의 특성 비교

표 2-10 위그와 실견의 특성 비교

위그(모형견)	실견(실습견)
무생물	생물
견체 모형에 인조털을 씌운 실습도구	실제 반려견을 대상으로 실습
실제 강아지와 비슷한 구조이지만 반응 없음	살아 있는 강아지이므로 움직임, 피모상태 등 고려해야 함
초보자 기본 가위질 연습, 클리퍼 연습에 용이	실제 미용 경험 및 다양한 견종 스타일 연습에 용이
한번 미용하고 나면 털이 다시 자라지 않으므로, 교체 필요	미용 후 일정 기간 털이 자라면 다시 실습 가능
인조털 (질감은 실견과 다름)	천연털 (실제 반려견의 다양한 털 상태 반영)
피부의 탄력이 없고 자극에 대한 반응 없음	피부의 탄력이 있고 자극에 민감 (상처 위험)
사용 후 브러싱 및 털 교체, 보관이 용이	미용 후 위생 관리(목욕, 귀 청소 등) 필수
응급상황 없음	부상, 스트레스 발생 가능
보호자의 동의 불필요	보호자나 실습견 제공자의 동의 필수

3) 위그 종류별 특성 이해

(1) **조각 위그** : 입문자용

(2) **일반 위그** : 클립(Clip) 실습 가능, 초보자용

(3) **장모종, 프리미엄 위그** : 실제 털과 비슷한 질감, 커트 연습에 적합

4) 위그(모형견) 관리

표 2-11 위그 주요 관리 내용

사용 전 관리	위그 상태 점검	• 털이 엉키거나 빠진 부분이 없는지 확인 • 견체 관절상태 확인 • 베이스(고정 받침대)가 흔들리지 않도록 점검
	올바른 고정	• 테이블에 위그를 안정적으로 위치하기 • 털 방향과 흐름을 체크하여 자연스럽게 정리
사용 중 관리	정확한 미용 기법 연습	• 실제 견종의 털결과 모양을 고려하여 연습 • 가위와 클리퍼를 적절한 각도로 사용하여 자연스러운 커트 연습
	적절한 힘의 안배	• 실제 개라는 전제하 위그를 한 손으로 들거나 과도한 힘 사용 금지 • 위그 털이 쉽게 손상될 수 있으므로 적절한 힘으로 커트
	위그 유형별 연습	• 클리퍼 연습용 위그 : 클리퍼 사용 시 털이 고르게 정리되는지 확인 • 가위 커트용 위그 : 질감 표현 및 다양한 스타일 연습
사용 후 관리	위그 털 정리	• 실습 후 털을 브러싱하여 엉킴 방지 • 남은 털을 제거하고 깨끗하게 정리
	보관 시 주의사항	• 직사광선 피하고 서늘한 곳에 보관 • 사용 후 형태가 변형되지 않도록 받침대 유지

5) 실습견(실견) 관리

표 2-12 실습견 주요 관리 내용

<table>
<tr><td rowspan="2">실습 전 관리</td><td>건강 체크</td><td>• 실습 전 피부병, 기생충(벼룩, 진드기) 감염 여부 확인
• 눈, 귀, 발톱 상태 점검 (이물질, 상처 유무 확인)
• 보호자와 미용 동의서 작성 및 사전 설명 진행</td></tr>
<tr><td>스트레스 최소화</td><td>• 미용 전 가볍게 산책 시켜 긴장을 완화
• 실습견이 편안한 상태인지 확인 후 미용 시작
• 불안한 실습견을 위해 진정제(아로마, 음악 등) 활용 가능
• 지나치게 소음이 큰 장비는 사용 자제</td></tr>
<tr><td rowspan="3">실습 중 관리</td><td>고정 및 안전 확보</td><td>• 미용 테이블에 적절한 리드줄 사용
(과한 압박 금지)
• 발톱 손질 및 얼굴 미용 시 조심스럽게 접근
• 털 정리 중 뜨거운 드라이기로 화상 방지</td></tr>
<tr><td>실습 시간 조절</td><td>• 필요시 미용 중 간헐적 휴식 제공
• 너무 긴 실습 시간은 피로 유발</td></tr>
<tr><td>실습견의
반응 체크</td><td>• 혀를 내밀고 헥헥거림, 몸 떨림, 귀 젖힘 등의 스트레스 신호 확인
• 필요시 즉시 중단 및 안정 시간 제공</td></tr>
<tr><td rowspan="3">실습 후 관리</td><td>미용 후
상태 체크</td><td>• 피부 자극, 상처, 긁힌 부위 여부 점검
• 커트를 포함한 전체 귀, 발톱 상태 점검</td></tr>
<tr><td>위생 및 청결 유지</td><td>• 사용한 미용 도구 소독 및 정리
• 미용 중 발생한 털, 잔유물 제거</td></tr>
<tr><td>실습견
제공자(보호자) 상태
피드백 제공</td><td>• 보호자에게 미용 후 상태 피드백 제공
• 미용 후 적절한 사후 관리법 안내</td></tr>
</table>

6) 실습견 체크 사항

(1) 실습견 제공자의 동의 여부 확인

① 실습견 제공자의 서면 동의서 및 유의사항 안내 필수

② 미용 중 발생할 수 있는 리스크에 대해 보호자와 사전 협의

(2) 실습 전 건강 진단서 확인

① 기본 신체검사

② 예방 접종(특히 광견병, 종합 백신 등)

③ 외부기생충 감염여부

④ 최근 병력 및 수술 여부

(3) 친화력 및 성격 테스트

① 대면(실습견과 인사), 안기, 부드러운 스킨십 등

② 공격성이 강해 물거나 소심한 개체는 주의 요망

③ 안전장비 준비 및 착용 : 두꺼운 장갑, 입마개, 넥카라(엘리자베스 카라)

(4) 실습견의 크기 및 유형 고려

① 초보자를 위한 실습견 : 소형견(말티즈, 푸들, 시츄 등)

② 중급자 이상 : 중형견, 장모종(코카스파니엘, 골든리트리버 등)

③ 충분한 경험이 있는 실습 : 대형견, 풀코트

(5) 견종별 특성 고려

① 털 관리가 필요한 견종 위주 선정 (예: 푸들, 비숑, 포메라니안 등)

② 미용 스타일 변형이 가능한 견종 선정

③ 단모종보다 장모종 실습견이 더 많은 경험을 제공할 수 있음

(6) 실습견의 연령 및 체력 고려

① 너무 어린 강아지(생후 6개월 미만) 또는 노령견(9세 이상)은 실습견으로 적절하지 않음

② 고령견, 질병이 있는 반려견은 스트레스 위험이 높음

7) 현장에서 확인해야 할 실습견의 건강상태

지도교수 및 수의사의 상담(지도)을 받고 실습을 진행

표 2-13 현장에서 확인해야 할 실습견 건강체크 내용

구분	내용
피부상태	• 피모의 오염도 및 상태 체크 • 피부염, 알레르기, 습진, 벼룩, 진드기 등 피부 질환 여부 확인 • 혹, 종양 여부 확인
귀 상태	• 귀지가 많거나 냄새가 심한지 확인 • 귀를 만질 때 아파하거나 긁지는 않는지 확인
눈과 코 상태	• 눈곱이 심하거나 눈이 충혈되지는 않았는지 확인 - 감염이나 알레르기 가능성 • 노란 콧물이 나지 않는지 확인 • 숨 쉬는 게 힘들어 보이거나 기침을 하지 않는지 확인 - 호흡기 질환 의심
발톱 및 발바닥 패드	• 발톱의 길이 체크 : 너무 길지 않는지 확인 • 발의 상처 여부 확인 • 뒷다리의 며느리발톱 여부 확인
치아 및 구강 상태	• 심한 구취가 나지 않는지 확인 • 과도한 치석이 있는지 확인 • 잇몸이 붓거나 피가 나지 않는지 확인
기타	• 예방 접종(특히 광견병, 종합 백신 등) • 외부기생충 감염 여부 • 최근 병력 및 수술 여부 • 임신 여부

6. 실습을 위한 그루밍 10단계

1) 그루밍의 단계

그루밍 10단계는 브러싱, 발톱 손질, 귀 청소, 샴푸와 같은 개별 세부 절차를 통해 전체 미용을 완성해 나가는 10가지의 과정이다. 미용, 위생, 건강을 모두 고려하여 반려동물을 관리하는 중요한 단계이며 각 단계는 다음과 같다.

표 2-14 그루밍 10단계

단 계	그루밍 10단계
I. 기초손질	• 1단계 : 브러싱 • 2단계 : 기본클리핑 • 3단계 : 발톱 손질 • 4단계 : 귀청소
II. 베이싱	• 5단계 : 샴푸 • 6단계 : 린스 • 7단계 : 드라이
III. 시저링(커트)	• 8단계 : 코밍 • 9단계 : 시저링 [초벌 → 재벌] • 10단계 : 보정 및 마무리

2) 그루밍 10단계

(1) 1단계 : 브러싱(Brushing)

① 그루밍에 있어 가장 기본이 되는 작업

② 견종에 따라 핀브러시, 슬리커브러시, 콤 등을 사용하여 신체를 빗기고 정리

③ 1단계 브러싱의 목적은 죽은 털 제거, 엉킴 풀기, 불순물 제거

→ 다음 단계에 실시하는 미용의 이행을 용이하게 하기 위함

(2) 2단계 : 기본 클리핑(Basic Clipping)

① 클리퍼를 사용하여 불필요한 털을 깎아내는 작업 → 위생, 편의성

② 지저분하고 엉킴이 심하면 2단계에 클리핑을 시행하여 불필요한 털을 덜어주는 것이 좋다.

③ 보통은 발(바닥), 항문 및 생식기, 배, 안면 부(푸들)에 클리핑을 시행한다.

(3) 3단계 : 발톱 손질(Nail Trimming)

① 발톱을 커트하고 버퍼로 둥글게 다듬는 작업

② 혈관이 베이지 않도록 주의하고 피가 나면 지혈제를 사용

③ 검정 발톱은 혈관이 보이지 않기 때문에 혈관의 시작 부위까지 여러 회 나눠서 커트

(4) 4단계 : 귀 청소(Ear Cleaning)

① 개의 귀속 외이도의 이물질을 제하는 과정

② 귀속에 이어파우더를 뿌리고 손가락과 겸자를 이용해 귀속에 털을 뽑아줌

③ 이후 세정제와 탈지면을 이용해 귀를 닦아줌(2~3회 반복)

④ 귀 속에 상처가 나지 않게 주의

(5) 5단계 : 샴푸잉(Shampooing)

① 피모의 청결을 유지하고 피부 건강을 유지하기 위한 세정 과정

② 피모를 물로 충분히 적시고 샴푸액을 발라 거품을 내어 마사지 해줌

③ 샴푸제가 코나 귀에 들어가지 않도록 주의하고 충분히 헹궈줌

(6) 6단계 : 린싱(Rinsing)

① 샴푸 후 린스제를 이용해 개의 모발을 헹구는 과정

② 린스의 목적은 피모의 pH-중화, 엉킴 방지, 정전기 방지, 유분 보급, 윤기 제공

③ 코나 귀에 물, 린스제가 들어가지 않도록 주의

(7) 7단계 : 드라이(Drying)

① 드라이기를 이용하여 털을 고르게 펴주고 건조하는 작업

② 개의 위치, 풍향, 온도 등을 조절하여 신속하면서도 효과적으로 건조

③ 드라이 시 고온에 의한 화상 주의

(8) 8단계 : 코밍(Combing)

① 최종적인 코트의 상태 확인, 미흡 부위 점검

② 피모를 가지런히 정리하거나 털을 세우기도 함

③ 털의 걸림이 없이 매끄럽게 콤이 빠져나와야 함

(9) 9단계 : 시저링(Scissoring)

① 가위를 이용하여 전체 혹은 부분적으로 커팅(cutting)하여 형태를 만드는 작업

② 시저링은 크게 1차(초벌)와 2차(재벌) 과정으로 나눔

③ 초벌은 전체적인 밸런스를 생각하며 크게 깎는 과정이다.

④ 재벌은 완성단계를 생각하며 세부적으로 깎는 과정이다.

⑤ 한번 커트 된 털은 수정이 어렵기 때문에 털의 길이와 모양을 고려해야 함

(10) 10단계 : 보정 및 마무리(Adjustment & Finish)

① 보완하여 최종적인 형태를 완성하는 과정

② 좌우 대칭의 균형과 전반적인 밸런스 체크

③ 마무리하여 완성

7. 실습 후 마무리

애견미용 실습 후 마무리 단계는 교육 환경의 위생 수준을 유지하고, 다음 실습의 원활한 진행을 위한 기초를 마련하는 중요한 과정이다.

1) 청소 도구 및 소모품 확보

실습 종료 후 신속하고 철저한 정리를 위해 실습 인원 및 공간 규모에 적절한 수량의 청소도구와 소모품을 사전에 확보해야 한다.

- 소모품 : 소독제, 세제, 탈취제, 락스, 쓰레기봉투 등
- 청소도구 : 진공청소기, 빗자루, 쓰레받기, 손걸레, 밀대, 청소솔, 고무장갑 등
- 개인 보호구 : 마스크, 앞치마 등

2) 실습장 정리

표 2-15 실습 후 실습장 정리 내용

구분	내용
기본 정리	• 미용 도구(가위, 클리퍼, 빗 등)는 제자리 정리 후 소독 • 바닥과 테이블 위의 털을 브러시와 빗자루로 제거 • 사용한 타월과 앞치마는 세탁물 바구니에 분리 • 전선(드라이기, 클리퍼 등) 감아서 정리
바닥 및 기구 소독	• 바닥 청소 : 털 제거 후 소독제 또는 물걸레로 닦기 • 테이블 소독 : 애견미용 테이블, 욕조, 건조대 소독제 분무 후 닦기 • 가위, 빗, 클리퍼 소독액에 담갔다가 건조 • 드라이기와 클리퍼 날 털 제거 후 소독제 뿌리기
배수구 및 환기구	• 배수구 점검 : 욕조·배수구에 쌓인 털 제거 후 뜨거운 물로 헹구기 • 환기 : 털 냄새 및 습기 제거를 위해 창문 열기 또는 공기청정기 가동
전반적인 점검과 퇴실	• 공용품 및 소모품(샴푸, 소독제 등) 다음 사용을 위해 채워 넣거나 정리 • 전원(드라이기, 클리퍼, 조명 등) OFF 확인 • 털, 오물을 담은 쓰레기봉투 폐기 • 전체 공간을 한 번 더 둘러보고 정리 완료 확인 후 퇴실

CHAPTER Ⅲ

실습일지의 작성과 평가

1. 실습 평가 기준

1) 평가지표

평가지표는 애견미용 실습을 마친 후 실습생의 미용 기술, 위생 및 안전 관리, 시간 관리, 고객 응대 및 태도, 전문성 및 종합 수행 능력 등을 종합적으로 평가하기 위한 기준이 된다. 또한 교수자가 실습 전반에 걸친 실습 수행 능력을 공정하게 평가하는 데 활용된다.

2) 실습 평가 요소

기술 숙련도, 실습절차 준수, 교감능력, 안전관리, 성실도 및 태도 등

*기타 : 필요시 고객만족도, 전문가로서의 자세 등을 평가

3) 실습평가 기준표 (예시)

〈 실습평가 기준표 (예시) 〉

평가항목			기준 점수	배점	평가기준	비고
1	미용 기술 숙련도	브러싱 / (두부)	10		정확성 및 속도	
2		시저링 / (전구)	10		균일성	
3		클리핑 / (후구)	10		균형성과 디테일	
4		완성도	10		미용 결과	
5	실습절차 준수		10		작업의 체계성	
6	교감능력		10		컨트롤 및 교감력	
7	안전관리		10		사고방지 능력	
8	시간관리		10		시간 안배	
9	성실도 및 태도		20		전체적인 태도와 수행력	
총점			100			

표 3-1 실습평가 기준표(예시)

4) 피드백 제공 방법 (예시)

- 실습 후 즉시 구두 피드백 제공
- 비교 전후 사진 활용 피드백
- 동료평가 및 상호 피드백
- 체크리스트 기반 평가표 활용

2. 실습일지 양식 작성법

실습일지는 애견미용 실습 과정에서 학습 내용을 체계적으로 정리하고, 사용한 장비 및 소모품, 실습 과정에서의 문제점과 개선점을 기록함으로써 실무 역량 향상에 기여하는 중요한 학습 도구이다. 실습 직후, 기억이 생생할 때 일지를 성실히 작성하는 것은 효과적인 학습과 자기성찰의 기회를 제공하며, 전문 미용사로 성장하는 데 필수적인 과정이라 하겠다.

1) 실습일지 양식

실 습 일 지

상단 ⇨	날짜	월 일	주차	주차
	견종		모델견 이름	
	실습제목			
	소요시간			
	실습장비 및 소모품			
본문 ⇨	실습내용			
하단 ⇨	평가 및 소감			

표 3-2 실습일지

2) 실습일지 작성 요령

- 간결하고 명확하게 작성
- 작업 중 발생한 문제와 그 해결 방법을 서술
- 다음 실습에 참고할 개선점이나 보완 사항을 포함

3) 세부작성법

(1) 상단 작성 방법

항 목	작 성 방 법
날짜	• 실습일을 연, 월, 일 순서로 기입 예) 2028년 7월 10일
주차	• 해당 실습의 주차를 기입 예) 3주차
견종	• 실습견의 견종을 기입 예) 말티즈, 푸들, 퍼그 등
모델견 이름	• 실습견의 견명을 기입 예) 뽀미, 쿠키 등
실습제목	• 실습의 주제 또는 제목을 간결하게 작성 예) 기초미용 - 목욕 및 드라이 부분미용 - 얼굴 컷 전체미용 - 테디베어 스타일 컷
소요시간	• 실습 소요시간을 기록 예) 2시간 30분, 09:00~11:30
실습장비 및 소모품	• 사용한 도구 및 소모품을 구체적으로 나열 예) 미용테이블, 가위, 클리퍼, 브러시, 샴푸, 린스, 타월... 등

(2) 본문 작성 방법

항 목	작 성 방 법
실습내용	• 실습에서 진행한 전체 과정을 가능한 구체적으로 기록 • 작업 순서, 작업 부위, 사용 도구 등을 포함하여 작성 • 가능하면 관찰한 내용, 문제 상황, 해결 방법 등을 포함

(3) 하단 작성 방법

항 목	작 성 방 법
평가 및 소감	• 실습에 대한 자기평가, 느낀 점, 개선해야 할 점을 중심으로 작성 • 다음 실습을 위한 목표 또는 준비 사항을 함께 작성

3. 실습일지의 평가

1) 실습일지의 평가

실습일지는 애견미용 실습의 학습 내용을 정리하고 문제 해결 능력을 점검하는 중요한 도구이다. 다음 기준에 따라 교수자가 평가하며, 점수는 최종 성적에 반영될 수 있다.

2) 실습일지 평가표

- 학생이 최종 제출한 일지는 각 학교에 실정을 고려하여 평가
- 평가 기준(요소) : 기술 숙련도, 문제 해결력, 표현력, 성실도, 형식 준수 등
- 긍정적 부분과 보완이 필요한 부분 → 필요시 서면 코멘트 피드백 제공

〈 실습일지 평가표 10점 기준 (예시) 〉

평가 항목	점수 기준	평가기준	점수
특상	10	• 모든 항목이 정확하고 세부적으로 기록됨 • 작업 과정 중 발생한 문제와 해결 방안이 명확히 서술됨 • 정리와 표현이 체계적이며 가독성이 뛰어남	
상	9	• 대부분의 항목이 성실히 작성되었으며, 간결하면서도 필요한 정보를 포함함 • 문제점과 개선점이 적절히 서술되었으나 디테일 부족 • 작성된 일지의 내용이 전체적으로 이해하기 쉬움	
중상	8	• 기록이 비교적 충실하지만 몇 가지 항목이 생략되거나 간략화됨 • 문제점 기록은 있으나 해결 방안이 미흡하거나 불분명함 • 작성 방식이 다소 일관성이 부족하거나 정리가 아쉬움	
중	7	• 작성된 내용이 불완전하며 일부 항목에서 누락된 정보가 있음 • 문제 상황과 해결 방안에 대한 서술이 부족하거나 부정확함 • 전반적으로 정리와 표현에서 개선 필요	
중하	6	• 다수 항목이 생략되었거나 기록이 형식적으로 작성됨 • 문제 상황 기록이 부실하며, 개선점이 명확히 제시되지 않음 • 내용 정리가 미흡하여 이해가 어려운 경우 있음	
하	5	• 기록이 매우 불성실하며, 주요 항목이 대다수 누락됨 • 문제 상황 및 개선점에 대한 기록이 없거나 비현실적임 • 일지 작성 형식이 지켜지지 않아 평가가 어려움	
특하	4	• 거의 모든 항목이 공백 상태로 작성되지 않았음 • 기록된 내용이 사실과 다르거나 의미를 파악하기 어려움 • 형식과 요령을 전혀 지키지 않음	
미달 / 측정불가	3~0 (F)	• 제출된 일지가 평가 불가 상태 • 실습일지를 제출하지 않음 • 거의 모든 항목이 공백 또는 사실과 다른 내용 포함	

표 3-3 실습일지 평가표(예시)

CHAPTER Ⅳ

실습일지

실 습 일 지

〈 1 〉

년 도	20　　　년
학 기	
과목명	
반	
학번	
성명	
지도교수	(인)

점 수	

MEMO

〈 실 습 일 지 〉

날 짜	월 일	주 차	주차
견 종		실습견명	
실습시간		지도교수	
실습제목			
실습장비 및 소모품			
교육내용			
평가 및 소감			

Picture & Photo Zone

Before

실습과 관련된 그림을 그리거나 사진을 붙여주세요.

After

〈 실 습 일 지 〉

날 짜	월 일	주 차	주차
견 종		실습견명	
실습시간		지도교수	
실습제목			
실습장비 및 소모품			
교육내용			
평가 및 소감			

IV

Picture & Photo Zone

Before

실습과 관련된 그림을 그리거나 사진을 붙여주세요.

After

〈 실 습 일 지 〉

날 짜	월 일	주 차	주차
견 종		실습견명	
실습시간		지도교수	
실습제목			
실습장비 및 소모품			
교육내용			
평가 및 소감			

IV

Picture & Photo Zone

Before

실습과 관련된 그림을 그리거나 사진을 붙여주세요.

After

〈 실 습 일 지 〉

날 짜	월　　일	주 차	주차
견 종		실습견명	
실습시간		지도교수	
실습제목			
실습장비 및 소모품			
교육내용			
평가 및 소감			

IV

Picture & Photo Zone

Before

실습과 관련된 그림을 그리거나 사진을 붙여주세요.

After

〈 실 습 일 지 〉

날 짜	월 일	주 차	주차
견 종		실습견명	
실습시간		지도교수	
실습제목			
실습장비 및 소모품			
교육내용			
평가 및 소감			

Picture & Photo Zone

Before

실습과 관련된 그림을 그리거나 사진을 붙여주세요.

After

〈 실 습 일 지 〉

날 짜	월 일	주 차	주차
견 종		실습견명	
실습시간		지도교수	
실습제목			
실습장비 및 소모품			
교육내용			
평가 및 소감			

Picture & Photo Zone

Before

실습과 관련된 그림을 그리거나 사진을 붙여주세요.

After

〈 실 습 일 지 〉

날 짜	월 일	주 차	주차
견 종		실습견명	
실습시간		지도교수	
실습제목			
실습장비 및 소모품			
교육내용			
평가 및 소감			

Picture & Photo Zone

Before

실습과 관련된 그림을 그리거나 사진을 붙여주세요.

After

〈 실 습 일 지 〉

날 짜	월 일	주 차	주차
견 종		실습견명	
실습시간		지도교수	
실습제목			
실습장비 및 소모품			
교육내용			
평가 및 소감			

Picture & Photo Zone

Before

실습과 관련된 그림을 그리거나 사진을 붙여주세요.

After

〈 실 습 일 지 〉

날 짜	월 일	주 차	주차
견 종		실습견명	
실습시간		지도교수	
실습제목			
실습장비 및 소모품			
교육내용			
평가 및 소감			

Picture & Photo Zone

Before

실습과 관련된 그림을 그리거나 사진을 붙여주세요.

After

〈 실 습 일 지 〉

날 짜	월 일	주 차	주차
견 종		실습견명	
실습시간		지도교수	
실습제목			
실습장비 및 소모품			
교육내용			
평가 및 소감			

Picture & Photo Zone

Before

실습과 관련된 그림을 그리거나 사진을 붙여주세요.

After

〈 실 습 일 지 〉

날 짜	월 일	주 차	주차
견 종		실습견명	
실습시간		지도교수	
실습제목			
실습장비 및 소모품			
교육내용			
평가 및 소감			

Picture & Photo Zone

Before

실습과 관련된 그림을 그리거나 사진을 붙여주세요.

After

〈 실 습 일 지 〉

날 짜	월 일	주 차	주차
견 종		실습견명	
실습시간		지도교수	
실습제목			
실습장비 및 소모품			
교육내용			
평가 및 소감			

Picture & Photo Zone

Before

실습과 관련된 그림을 그리거나 사진을 붙여주세요.

After

〈 실 습 일 지 〉

날 짜	월 일	주 차	주차

견 종		실습견명	

실습시간		지도교수	

실습제목	

실습장비 및 소모품	

교육내용	

평가 및 소감	

IV

Picture & Photo Zone

Before

실습과 관련된 그림을 그리거나 사진을 붙여주세요.

After

〈 실 습 일 지 〉

날 짜	월 일	주 차	주차
견 종		실습견명	
실습시간		지도교수	
실습제목			
실습장비 및 소모품			
교육내용			
평가 및 소감			

Picture & Photo Zone

Before

실습과 관련된 그림을 그리거나 사진을 붙여주세요.

After

〈 실 습 일 지 〉

날 짜	월 일	주 차	주차
견 종		실습견명	
실습시간		지도교수	
실습제목			
실습장비 및 소모품			
교육내용			
평가 및 소감			

IV

Picture & Photo Zone

Before

실습과 관련된 그림을 그리거나 사진을 붙여주세요.

After

〈 실 습 일 지 〉

날 짜	월 일	주 차	주차
견 종		실습견명	
실습시간		지도교수	
실습제목			
실습장비 및 소모품			
교육내용			
평가 및 소감			

Picture & Photo Zone

Before

실습과 관련된 그림을 그리거나 사진을 붙여주세요.

After

MEMO

- 수고하셨습니다 -

실 습 일 지

〈 2 〉

년 도	20 　　년
학 기	
과목명	
반	
학번	
성명	
지도교수	(인)

점 수	

MEMO

〈 실 습 일 지 〉

날 짜	월　　일	주 차	주차
견 종		실습견명	
실습시간		지도교수	
실습제목			
실습장비 및 소모품			
교육내용			
평가 및 소감			

Picture & Photo Zone

Before

실습과 관련된 그림을 그리거나 사진을 붙여주세요.

After

〈 실 습 일 지 〉

날 짜	월 일	주 차	주차
견 종		실습견명	
실습시간		지도교수	
실습제목			
실습장비 및 소모품			
교육내용			
평가 및 소감			

Picture & Photo Zone

Before

실습과 관련된 그림을 그리거나 사진을 붙여주세요.

After

〈 실 습 일 지 〉

날 짜	월 일	주 차	주차
견 종		실습견명	
실습시간		지도교수	
실습제목			
실습장비 및 소모품			
교육내용			
평가 및 소감			

Picture & Photo Zone

Before

실습과 관련된 그림을 그리거나 사진을 붙여주세요.

After

〈 실 습 일 지 〉

날 짜	월 일	주 차	주차
견 종		실습견명	
실습시간		지도교수	
실습제목			
실습장비 및 소모품			
교육내용			
평가 및 소감			

Picture & Photo Zone

Before

실습과 관련된 그림을 그리거나 사진을 붙여주세요.

After

〈 실 습 일 지 〉

날 짜	월 일	주 차	주차
견 종		실습견명	
실습시간		지도교수	
실습제목			
실습장비 및 소모품			
교육내용			
평가 및 소감			

Picture & Photo Zone

Before

실습과 관련된 그림을 그리거나 사진을 붙여주세요.

After

IV

〈 실 습 일 지 〉

날 짜	월 일	주 차	주차
견 종		실습견명	
실습시간		지도교수	
실습제목			
실습장비 및 소모품			
교육내용			
평가 및 소감			

Picture & Photo Zone

Before

실습과 관련된 그림을 그리거나 사진을 붙여주세요.

After

〈 실 습 일 지 〉

날 짜	월 일	주 차	주차
견 종		실습견명	
실습시간		지도교수	

실습제목	
실습장비 및 소모품	
교육내용	
평가 및 소감	

Picture & Photo Zone

Before

실습과 관련된 그림을 그리거나 사진을 붙여주세요.

After

〈 실 습 일 지 〉

날 짜	월　　일	주 차	주차
견 종		실습견명	
실습시간		지도교수	
실습제목			
실습장비 및 소모품			
교육내용			
평가 및 소감			

Picture & Photo Zone

Before

실습과 관련된 그림을 그리거나 사진을 붙여주세요.

After

IV

〈 실 습 일 지 〉

날 짜	월 일	주 차	주차
견 종		실습견명	
실습시간		지도교수	
실습제목			
실습장비 및 소모품			
교육내용			
평가 및 소감			

Picture & Photo Zone

Before

실습과 관련된 그림을 그리거나 사진을 붙여주세요.

After

〈 실 습 일 지 〉

날 짜	월 일	주 차	주차
견 종		실습견명	
실습시간		지도교수	
실습제목			
실습장비 및 소모품			
교육내용			
평가 및 소감			

Picture & Photo Zone

Before

실습과 관련된 그림을 그리거나 사진을 붙여주세요.

After

〈 실 습 일 지 〉

날 짜	월 일	주 차	주차
견 종		실습견명	
실습시간		지도교수	
실습제목			
실습장비 및 소모품			
교육내용			
평가 및 소감			

Picture & Photo Zone

Before

실습과 관련된 그림을 그리거나 사진을 붙여주세요.

After

〈 실 습 일 지 〉

날 짜	월 일	주 차	주차
견 종		실습견명	
실습시간		지도교수	
실습제목			
실습장비 및 소모품			
교육내용			
평가 및 소감			

Picture & Photo Zone

Before

실습과 관련된 그림을 그리거나 사진을 붙여주세요.

After

IV

〈 실 습 일 지 〉

날 짜	월 일	주 차	주차
견 종		실습견명	
실습시간		지도교수	
실습제목			
실습장비 및 소모품			
교육내용			
평가 및 소감			

Picture & Photo Zone

Before

실습과 관련된 그림을 그리거나 사진을 붙여주세요.

After

〈 실 습 일 지 〉

날 짜	월 일	주 차	주차
견 종		실습견명	
실습시간		지도교수	

실습제목	
실습장비 및 소모품	
교육내용	
평가 및 소감	

Picture & Photo Zone

Before

실습과 관련된 그림을 그리거나 사진을 붙여주세요.

After

〈 실 습 일 지 〉

날 짜	월 일	주 차	주차
견 종		실습견명	
실습시간		지도교수	
실습제목			
실습장비 및 소모품			
교육내용			
평가 및 소감			

Picture & Photo Zone

Before

실습과 관련된 그림을 그리거나 사진을 붙여주세요.

After

〈 실 습 일 지 〉

날 짜	월 일	주 차	주차
견 종		실습견명	
실습시간		지도교수	
실습제목			
실습장비 및 소모품			
교육내용			
평가 및 소감			

Picture & Photo Zone

Before

실습과 관련된 그림을 그리거나 사진을 붙여주세요.

After

MEMO

- 수고하셨습니다 -

실 습 일 지

〈 3 〉

년 도	20　　년
학 기	
과목명	
반	
학번	
성명	
지도교수	(인)

점 수	

MEMO

〈 실 습 일 지 〉

날 짜	월 일	주 차	주차
견 종		실습견명	
실습시간		지도교수	
실습제목			
실습장비 및 소모품			
교육내용			
평가 및 소감			

IV

Picture & Photo Zone

Before

실습과 관련된 그림을 그리거나 사진을 붙여주세요.

After

〈 실 습 일 지 〉

날 짜	월 일	주 차	주차
견 종		실습견명	
실습시간		지도교수	
실습제목			
실습장비 및 소모품			
교육내용			
평가 및 소감			

Picture & Photo Zone

Before

실습과 관련된 그림을 그리거나 사진을 붙여주세요.

After

〈 실 습 일 지 〉

날 짜	월 일	주 차	주차

견 종		실습견명	

실습시간		지도교수	

실습제목	

실습장비 및 소모품	

교육내용	

평가 및 소감	

Picture & Photo Zone

Before

실습과 관련된 그림을 그리거나 사진을 붙여주세요.

After

〈 실 습 일 지 〉

날 짜	월 일	주 차	주차
견 종		실습견명	
실습시간		지도교수	
실습제목			
실습장비 및 소모품			
교육내용			
평가 및 소감			

Picture & Photo Zone

Before

실습과 관련된 그림을 그리거나 사진을 붙여주세요.

After

〈 실 습 일 지 〉

날 짜	월　　　일	주 차	주차

견 종		실습견명	

실습시간		지도교수	

실습제목	

실습장비 및 소모품	

교육내용	

평가 및 소감	

Picture & Photo Zone

Before

실습과 관련된 그림을 그리거나 사진을 붙여주세요.

After

〈 실 습 일 지 〉

날 짜	월 일	주 차	주차
견 종		실습견명	
실습시간		지도교수	
실습제목			
실습장비 및 소모품			
교육내용			
평가 및 소감			

Picture & Photo Zone

Before

실습과 관련된 그림을 그리거나 사진을 붙여주세요.

After

〈 실 습 일 지 〉

날 짜	월 일	주 차	주차
견 종		실습견명	
실습시간		지도교수	
실습제목			
실습장비 및 소모품			
교육내용			
평가 및 소감			

Picture & Photo Zone

Before

실습과 관련된 그림을 그리거나 사진을 붙여주세요.

After

〈 실 습 일 지 〉

날 짜	월 일	주 차	주차

견 종		실습견명	

실습시간		지도교수	

실습제목	

실습장비 및 소모품	

교육내용	

평가 및 소감	

Picture & Photo Zone

Before

실습과 관련된 그림을 그리거나 사진을 붙여주세요.

After

〈 실 습 일 지 〉

날 짜	월 일	주 차	주차
견 종		실습견명	
실습시간		지도교수	
실습제목			
실습장비 및 소모품			
교육내용			
평가 및 소감			

Picture & Photo Zone

Before

실습과 관련된 그림을 그리거나 사진을 붙여주세요.

After

IV

〈 실 습 일 지 〉

날 짜	월 일	주 차	주차
견 종		실습견명	
실습시간		지도교수	
실습제목			
실습장비 및 소모품			
교육내용			
평가 및 소감			

Picture & Photo Zone

Before

실습과 관련된 그림을 그리거나 사진을 붙여주세요.

After

〈 실 습 일 지 〉

날 짜	월 일	주 차	주차
견 종		실습견명	
실습시간		지도교수	
실습제목			
실습장비 및 소모품			
교육내용			
평가 및 소감			

Picture & Photo Zone

Before

실습과 관련된 그림을 그리거나 사진을 붙여주세요.

After

〈 실 습 일 지 〉

날 짜	월 일	주 차	주차
견 종		실습견명	
실습시간		지도교수	
실습제목			
실습장비 및 소모품			
교육내용			
평가 및 소감			

Picture & Photo Zone

Before

실습과 관련된 그림을 그리거나 사진을 붙여주세요.

After

〈 실 습 일 지 〉

날 짜	월 일	주 차	주차
견 종		실습견명	
실습시간		지도교수	
실습제목			
실습장비 및 소모품			
교육내용			
평가 및 소감			

Picture & Photo Zone

Before

실습과 관련된 그림을 그리거나 사진을 붙여주세요.

After

〈 실 습 일 지 〉

날 짜	월 일	주 차	주차
견 종		실습견명	
실습시간		지도교수	
실습제목			
실습장비 및 소모품			
교육내용			
평가 및 소감			

Picture & Photo Zone

Before

실습과 관련된 그림을 그리거나 사진을 붙여주세요.

After

〈 실 습 일 지 〉

날 짜	월　　일	주 차	주차
견 종		실습견명	
실습시간		지도교수	
실습제목			
실습장비 및 소모품			
교육내용			
평가 및 소감			

Picture & Photo Zone

Before

실습과 관련된 그림을 그리거나 사진을 붙여주세요.

After

〈 실 습 일 지 〉

날 짜	월 일	주 차	주차
견 종		실습견명	
실습시간		지도교수	
실습제목			
실습장비 및 소모품			
교육내용			
평가 및 소감			

Picture & Photo Zone

Before

실습과 관련된 그림을 그리거나 사진을 붙여주세요.

After

MEMO

- 수고하셨습니다 -

실 습 일 지

〈 4 〉

년 도	20 년
학 기	
과목명	
반	
학번	
성명	
지도교수	(인)

점수	

MEMO

IV

〈 실 습 일 지 〉

날 짜	월 일	주 차	주차
견 종		실습견명	
실습시간		지도교수	
실습제목			
실습장비 및 소모품			
교육내용			
평가 및 소감			

Picture & Photo Zone

Before

실습과 관련된 그림을 그리거나 사진을 붙여주세요.

After

〈 실 습 일 지 〉

날 짜	월 일	주 차	주차
견 종		실습견명	
실습시간		지도교수	
실습제목			
실습장비 및 소모품			
교육내용			
평가 및 소감			

Picture & Photo Zone

Before

실습과 관련된 그림을 그리거나 사진을 붙여주세요.

After

〈 실 습 일 지 〉

날 짜	월 일	주 차	주차
견 종		실습견명	
실습시간		지도교수	

실습제목	
실습장비 및 소모품	
교육내용	
평가 및 소감	

Picture & Photo Zone

Before

실습과 관련된 그림을 그리거나 사진을 붙여주세요.

After

〈 실 습 일 지 〉

날 짜	월 일	주 차	주차
견 종		실습견명	
실습시간		지도교수	
실습제목			
실습장비 및 소모품			
교육내용			
평가 및 소감			

Picture & Photo Zone

Before

실습과 관련된 그림을 그리거나 사진을 붙여주세요.

After

〈 실 습 일 지 〉

날 짜	월 일	주 차	주차
견 종		실습견명	
실습시간		지도교수	
실습제목			
실습장비 및 소모품			
교육내용			
평가 및 소감			

Picture & Photo Zone

Before

실습과 관련된 그림을 그리거나 사진을 붙여주세요.

After

〈실습일지〉

날 짜	월 일	주 차	주차
견 종		실습견명	
실습시간		지도교수	
실습제목			
실습장비 및 소모품			
교육내용			
평가 및 소감			

Picture & Photo Zone

Before

실습과 관련된 그림을 그리거나 사진을 붙여주세요.

After

〈 실 습 일 지 〉

날 짜	월 일	주 차	주차

견 종		실습견명	

실습시간		지도교수	

실습제목	

실습장비 및 소모품	

교육내용	

평가 및 소감	

Picture & Photo Zone

Before

실습과 관련된 그림을 그리거나 사진을 붙여주세요.

After

〈 실 습 일 지 〉

날 짜	월 일	주 차	주차
견 종		실습견명	
실습시간		지도교수	
실습제목			
실습장비 및 소모품			
교육내용			
평가 및 소감			

Picture & Photo Zone

Before

실습과 관련된 그림을 그리거나 사진을 붙여주세요.

After

〈 실 습 일 지 〉

날 짜	월　　일	주 차	주차
견 종		실습견명	
실습시간		지도교수	
실습제목			
실습장비 및 소모품			
교육내용			
평가 및 소감			

Picture & Photo Zone

Before

실습과 관련된 그림을 그리거나 사진을 붙여주세요.

After

〈 실 습 일 지 〉

날 짜	월 일	주 차	주차
견 종		실습견명	
실습시간		지도교수	

실습제목	
실습장비 및 소모품	
교육내용	
평가 및 소감	

Picture & Photo Zone

Before

실습과 관련된 그림을 그리거나 사진을 붙여주세요.

After

〈 실 습 일 지 〉

날 짜	월 일	주 차	주차
견 종		실습견명	
실습시간		지도교수	
실습제목			
실습장비 및 소모품			
교육내용			
평가 및 소감			

Picture & Photo Zone

Before

실습과 관련된 그림을 그리거나 사진을 붙여주세요.

After

〈 실 습 일 지 〉

날 짜	월 일	주 차	주차
견 종		실습견명	
실습시간		지도교수	
실습제목			
실습장비 및 소모품			
교육내용			
평가 및 소감			

Picture & Photo Zone

Before

실습과 관련된 그림을 그리거나 사진을 붙여주세요.

After

〈 실 습 일 지 〉

날 짜	월　　　일	주 차	주차
견 종		실습견명	
실습시간		지도교수	
실습제목			
실습장비 및 소모품			
교육내용			
평가 및 소감			

Picture & Photo Zone

Before

실습과 관련된 그림을 그리거나 사진을 붙여주세요.

After

〈 실 습 일 지 〉

날 짜	월 일	주 차	주차
견 종		실습견명	
실습시간		지도교수	
실습제목			
실습장비 및 소모품			
교육내용			
평가 및 소감			

Picture & Photo Zone

Before

실습과 관련된 그림을 그리거나 사진을 붙여주세요.

After

〈 실 습 일 지 〉

날 짜	월 일	주 차	주차
견 종		실습견명	
실습시간		지도교수	
실습제목			
실습장비 및 소모품			
교육내용			
평가 및 소감			

Picture & Photo Zone

Before

실습과 관련된 그림을 그리거나 사진을 붙여주세요.

After

〈 실 습 일 지 〉

날 짜	월 일	주 차	주차
견 종		실습견명	
실습시간		지도교수	
실습제목			
실습장비 및 소모품			
교육내용			
평가 및 소감			

Picture & Photo Zone

Before

실습과 관련된 그림을 그리거나 사진을 붙여주세요.

After

IV

MEMO

- 수고하셨습니다 -

CHAPTER V

애견미용 실습 관련 FAQ

애견미용 실습 관련 FAQ

애견미용 실습 과정에서 입문자가 자주 겪는 상황과 궁금증을 FAQ 형식으로 정리하였다. 실제 현장에서 마주칠 수 있는 문제들을 중심으로 구성했으며, 실습 전에 숙지하면 많은 도움이 될 내용이다. 안전하고 효과적인 실습을 위해 차분히 읽고 활용해 보도록 하자.

1) 실습준비물 및 위생 관련

Q 애견미용 실습에 필요한 기본 준비물에는 무엇이 있나요?

A 교육내용이나 학습단계에 따라 달라지지만 보통 미용가위, 클리퍼, 브러시, 샴푸, 드라이기, 타월, 발톱깎이, 귀 청소 도구, 앞치마 등 다양한 도구와 장비, 소모품이 있습니다.

Q 실습 중 사용한 도구는 반복적으로 사용해도 되나요?

A 미용도구는 오랜 기간(영구적) 사용이 가능합니다. 실습마다 도구를 소독 후 사용해야 하며, 감염 예방을 위해 알코올 또는 전용 소독제를 사용합니다.

2) 모델견 선정 및 사전 점검 관련

Q 실습할 반려견은 어떤 기준으로 선택해야 하나요?

A 보통 교육기관에서는 다수의 인원을 대상으로 하기 때문에 담당 선생님(교수)이 견을 지정해 주거나 학습자 간 서로 조율하여 선택합니다. 실습할 스타일에 적합한 모질과 길이를 갖추고, 얌전하며 미용을 잘 받는 온순한 반려견이면 좋겠지만 항상 그렇지만은 않습니다. 상황에 따라 털이 엉키거나 사람의 손길에 익숙하지 않고 스트레스에 민감한 개체를 선택할 수도 있습니다. 향후 실무현장에서 마주하는 개들 역시 관리가 잘되고 온순하다는 보장이 없고, 내가 손님을 선택할 수 없으므로 실습 시 힘들고 어려운 개를 고르더라도 이 역시도 교육에 일환으로 받아들여 주세요.

Q 실습 전 모델견에게 우선적으로 확인해야 할 사항은 어떤 것이 있을까요?

A 다양한 체크 사항이 있지만, 실습 전에는 우선으로 건강 상태(예방접종, 피부질환, 상처, 기생충 등)를 확인하고 피모의 상태, 견의 성격(성향) 파악 등을 하는 것이 좋습니다. 필요시 보호자가 원하는 스타일과 주의사항 등도 사전에 체크해야 합니다.

Q 반려견이 사람의 손길을 무서워할 때 어떻게 해야 하나요?

A 먼저, 반려견에게 갑자기 다가가거나 얼굴부터 손을 내밀어 스킨십을 하는 것은 피해야 합니다. 대신, 시간 차를 두고 반려견이 스스로 손 냄새를 맡거나 다가올 수 있도록 기다려 주세요. 부드럽고 차분한 목소리로 반려견을 진정시키는 것도 도움이 됩니다. 몸을 직접 만질 때는 몸의 민감한 부위보다 등이나 옆구리, 엉덩이 같은 비교적 안정적인 부위부터 천천히 터치하는 것이 좋습니다. 필요하다면 간식을 주면서 좋은 경험을 만들어 주는 것도 효과적입니다. 그래도 불안해하는 반려견이라면, 보호자가 함께 있어 주면서 안심시키는 말투로 이야기해 주는 것도 도움이 됩니다.

3) 기본 미용실습 관련

Q 반려견의 엉킨 털은 어떻게 풀어야 하나요?

A 엉킨 털을 그대로 두면 피부 트러블이 생길 수 있고 힘을 이용해 강제로 푼다면 털이 손상되고 이 과정에 통증을 유발할 수 있습니다. 엉킨 털을 푸는 데에는 섬세한 접근과 올바른 도구 사용이 무엇보다 중요한데, 털이 살짝 뭉친 정도인지, 바짝 엉킨 상태인지 먼저 살펴보셔야 합니다. 아주 심하게 뭉친 경우는 푸는 것보다 부분적인 커트가 안전할 수 있습니다. 엉킨 부위에 브러싱 전용 스프레이나 컨디셔너를 분사해 털을 부드럽게 만들어 주고 빗질 전에 손가락으로 엉킨 부위의 털을 살살 벌려 느슨하게 만들어 주면 풀기가 용이해지며 엉킴으로 인한 통증을 줄일 수 있습니다. 견종에 따라 슬리커 브러시나 콤을 사용해 털이 풀어질 때까지 반복적인 빗질을 하되 피부를 긁지 않도록, 무리한 힘이 가해지지 않도록 주의하며 빗질합니다.

Q 드라이기 사용 시 주의점은?

A 드라이기는 단계조절을 할 수 있으며, 바람의 세기와 온도는 반려견의 털 상태와 환경에 따라 조절합니다. 특히 고온으로 사용 시에는 뜨거운 바람이 반려견의 피부에 직접 닿지 않도록 주의하며, 항상 송풍구와 개는 적당한 거리(15~30cm)를 유지하는 것이 좋습니다. 바람은 한 부위에 오래 머물지 않게 골고루 이동시키며 말려야 드라이의 효율성이 올라가며 동시에 피

부 화상을 예방할 수 있습니다. 간혹 드라이기 소음에 놀라는 반려견도 있으므로, 처음에는 약한 바람으로 천천히 적응시켜 주는 것이 좋습니다.

Q 발톱을 자르다 실수하면 어떻게 하나요?

A 발톱을 자르다 혈관을 건드려 출혈이 생겼을 경우, 발톱 전용 지혈제를 사용한 뒤 5~10초 정도 지그시 눌러 압박해 주세요. 대부분의 경우 출혈은 금방 멈추지만, 출혈이 오래 지속되거나 멈추지 않을 시에는 수의사와 상담하거나 내원하는 것이 안전합니다. 실수를 줄이기 위해서는 미리 혈관의 위치를 확인하고, 조금씩 천천히 자르는 것이 중요합니다.

Q 귀 청소 실습 시 귀 속까지 깊게 청소해야 하나요?

A 개의 귀는 매우 예민한 부위로, 사람과 달리 이관(耳管)이 'ㄱ'자 형태로 꺾여 있는 구조입니다. 귀 청소는 외이도(귀의 겉부분)를 관리 차원에서 닦아주는 것으로, 이어포셉(겸자)을 너무 깊숙이 넣을 경우 귀를 다칠 수 있으므로 주의가 필요합니다. 귀청소는 귀속에 난 털을 뽑고 세정액을 탈지면에 묻혀 귀 안쪽 주변과 이관을 조심스럽고 꼼꼼하게 닦아주는 것입니다.

Q 클리퍼로 털이 잘 밀리지 않을 때는 어떤 문제가 있고 어떻게 조치하는 것이 좋을까요?

A 털이 잘 밀리지 않을 때는 보통 날에 털이 많이 낀 경우, 날이 무뎌진 경우, 털이 젖어 있거나 털이 엉켜 있는 경우가 많습니다. 털이 많이 낀 경우는 솔을 이용해 날과 클리퍼의 털과 이물질을 제거하고, 전용 윤활제를 발라 부드럽게 작동되노록 해주세요. 날이 지나치게 무딘 경우에는 날을 교체하거나 연마해야 하며, 털이 젖어 있거나 엉켜 있는 경우는 털을 말리고 엉킴을 풀어 원인을 해결해 주면 됩니다. 클리퍼 작업 중에는 무리하게 힘을 가해 클리핑하지 않으며, 피부에 가볍게 밀착시키는 정도로 사용해야 자극 없이 자연스럽게 털이 밀립니다.

Q 클리퍼 날이 너무 뜨거우면 어떻게 해야 하나요?

A 클리퍼 날이 마찰로 인해 너무 뜨거워지면 반려견의 피부에 화상을 입힐 위험이 있습니다. 따라서 반드시 중간중간 작업을 멈추고 날의 온도를 체크해야 하며, 뜨거워졌을 경우 잠시 멈추고 식히는 것이 중요합니다. 식히는 방법은 클리퍼 전용 냉각 스프레이를 사용하거나, 차가운(금속성) 도구 등에 잠시 닿게 해 열을 식히는 방법이 있습니다. 또한 교체 가능한 예비 날을 준비해 작업 도중 날을 바꾸는 것도 좋은 방법입니다. 클리퍼 사용 전에는 윤활유를 발라 마찰과 발열을 줄이는 것이 좋으며, 항상 손등으로 날의 온도를 확인하며 작업하는 습관을 들여야 합니다.

Q 가위 커트(시저링)를 실수 없이 하려면 어떻게 해야 하나요?

A 한 번 자른 털은 되돌릴 수 없기 때문에 계획성 있는 커트가 중요합니다. 먼저 전체적인 스타일과 완성된 라인을 머릿속에 그린 뒤, 한 번에 많은 양을 자르지 말고 조금씩 잘라가며 모양을 다듬어야 합니다. 가위는 털의 결을 따라 자연스럽게 사용하고, 손목을 부드럽게 움직여 일정한 리듬으로 커팅하는 것이 좋습니다. 또한 빗질과 커트를 반복하며 털의 길이와 형태를 자주 확인하고, 과도하게 한 부위를 집중적으로 자르지 않도록 주의합니다. 초보자라면 미리 연습용 가위를 이용해 시저링 감각을 익히는 것도 실수를 줄이는 데 도움이 됩니다.

※ 실수를 줄이는 커트의 원칙
① 한 번에 많이 자르지 않기 : 한 번에 많은 양을 자르지 말고, 소량씩 여러 번에 나눠 커트하여 실수를 방지합니다. ② 빗자빗의 원칙 / Comb-Cut-Comb의 원칙 : 커트 전 빗질 → 커트 → 다시 빗질과 수정을 반복하며, 형태를 지속적으로 점검합니다. ③ 큰 틀부터, 세부는 나중에 : 전체적인 틀과 라인을 먼저 잡은 뒤, 세부적인 부분을 다듬는 순서로 진행합니다. ④ 다른 시각으로 점검하기 : 커트 중간중간 1보 뒤로 물러나 좌우대칭, 비율, 실루엣 등을 다양한 각도에서 점검합니다. ⑤ 꾸준한 커트 연습과 노력 : 커트 기술과 미용사의 기량은 철저한 개인의 꾸준한 연습과 노력으로 향상되며, 숙련도가 높아질수록 커트 실수를 효과적으로 줄일 수 있습니다.

Q 미용 중 반려견이 물려고 하면 어떻게 해야 하나요?

A 반려견이 미용 중 물려고 할 경우, 입마개 착용, 사전 안정, 무리한 작업 피하기 등의 조치를 통해 안전하게 대응해야 합니다. 특히 공격 성향이 있거나 보호자가 사전에 알려준 경우에는 반드시 입마개를 착용하는 것이 좋습니다. 예민하거나 공포심이 강한 개체는 미용 전에 충분한 시간을 들여 안정시키고, 억지로 미용을 강행하지 않도록 주의해야 합니다. 반려견의 상태를 세심하게 관찰하며, 필요시 작업을 중단하거나 보호자와 협의하는 것도 중요합니다.

Q 미용도중 개의 건강상의 위험(구토, 설사, 호흡곤란, 경련 등)이 감지된 경우는?

A 미용 도중 개의 혀가 파랗게 변하거나 호흡곤란, 경련, 구토, 설사 등의 건강 이상이 감지되면, 즉시 모든 작업을 중단하고 반려견의 상태를 신속히 확인해야 합니다. 학생은 즉시 담당교사(또는 교수자)에게 상황을 알리고, 필요시 기본적인 응급 처치(CPR 등)를 시행합니다. 증상이 심각하거나 호전되지 않을 경우에는 인근 동물병원으로의 긴급 이송을 보호자에게 안내하고 직접 동반하여 내원합니다. 이때 실습 중 발생한 상황과 반응은 정확히 기록하여 보호자 및 의료진에게 전달하는 것이 중요합니다. 또한, 유사 사례를 예방하기 위해 반려견의 과거 병력, 기저 질환 등 특이사항을 사전에 확인하는 절차도 철저히 이루어져야 하겠습니다.

Q 미용 중 갑작스러운 정전이나 장비 고장 시 어떻게 하나요?

A 즉시 모든 작업을 안전하게 중단해야 합니다. 특히 목욕 중이거나 드라이기 사용 중 정전이 발생한 경우, 반려견이 저체온에 노출될 수 있으므로, 깨끗한 타월로 감싸 체온을 유지하고, 물기를 최대한 제거하는 등 보온 조치를 우선적으로 시행해야 합니다. 장비 고장 시에는 즉시 전원을 차단해 감전이나 추가 손상을 예방하고, 예비장비가 준비되어 있다면 안전 확인 후 교체하여 작업을 재개할 수 있습니다. 정전이 장시간 지속될 경우에는 작업을 중단하거나 연기하고, 보호자에게 상황을 신속히 설명한 뒤, 반려견의 안전과 건강을 최우선으로 고려한 조치를 해야 합니다.

Q 미용 중 반려견과 유대감 높이는 방법에는 어떤 것이 있나요?

A 부드러운 말투, 칭찬, 간식 등을 활용해 긍정적인 경험을 만들어 주는 것이 좋습니다. 부드러운 말투는 안정감을 주고, 칭찬과 간식 등은 긍정적인 경험을 효과적으로 유도할 수 있습니다. 예를 들어, 차분한 음성으로 "미미~", "뽀삐야" 이름을 불러주거나, 짧은 미용 과정을 성공적으로 마쳤을 때는 간식을 제공해 신뢰를 형성할 수 있습니다. 또한, 아이콘택트(눈마주침)나 부드러운 손길은 긴장을 완화시키는 데 좋으며, 미용 전 간단한 인사나 냄새 맡기기를 통해 반려견이 낯선 환경에 적응할 시간을 주는 것도 중요합니다. 반면, 강압적이거나 위협적인 말과 행동은 두려움을 유발하고 미용에 대한 거부감을 심어줄 수 있으므로 피해야 합니다.

Q 여름철 미용 시 주의할 점이 있나요?

A 더운 여름철 미용 시에는 평소보다 털을 짧게 자를 수 있지만, 지나치게 짧게 깎는 것은 주의가 필요합니다. 털이 너무 짧으면 자외선에 의한 피부 화상이나 벌레·진드기 등의 외부 자극에 쉽게 노출되므로, 적절한 길이를 유지하여 피부를 보호하는 것이 중요합니다. 또한, 무더운 날에는 반려견이 탈수나 열사병에 걸리기 쉬우므로, 미용 실습 공간의 온도와 환기를 적절히 유지하고, 작업 중간에도 수분 상태나 갈증 유무를 확인하는 것이 필요합니다. 드라이기 사용 시에는 고온을 피하고, 피부가 민감해진 상태에서 자극을 최소화해야 하며, 하얀 털이나 피부가 얇은 견종일수록 예민도가 높아 여름철에는 주의가 필요합니다.

Q 겨울철 미용 시 주의할 점이 있나요?

A 추운 겨울철 미용 시에는 체온 손실을 고려하여 평소보다 털을 길게 남기는 것이 좋습니다. 미용실의 실내 온도는 따뜻하게 유지하는 것이 좋고, 특히 목욕, 드라이 시에는 따뜻한 바람을 이용해 피모를 충분히 말려주는 것이 중요합니다. 또한 겨울철에는 실내 습도가 낮아 피부와 털이 쉽게 건조해지고 가려움이나 각질 등의 피부 트러블이 생기기 쉬우므로, 보습 효과가 있는 미용 제품을 사용하는 것도 도움이 됩니다. 노령견이나 체온 조절이 어려운 소형견, 단모종은 특히 주의가 필요하며, 미용 후 외출 시에는 외투 등 체온 보호를 위한 추가 조치도 고려해야 합니다.

4) 실습 후 마무리

Q 실습 후 실습실과 미용도구는 어떻게 관리해야 하나요?

A 실습이 끝난 후에는 실습실과 미용 도구 모두 철저하게 정리하고 위생적으로 관리해야 합니다. 실습실에서는 먼저 바닥에 떨어진 털을 깨끗하게 쓸어내고, 바닥과 테이블, 욕조 등 실습에 사용된 공간 전체를 정돈하고 소독하여 청결을 유지합니다. 이러한 정리는 단순한 뒷정리 차원을 넘어, 다음 사용자를 위한 기본적인 예의이며 애견미용 실습에 임하는 바람직한 태도라고 할 수 있습니다.

또한, 사용한 미용 도구들은 실습이 끝난 직후 매일 세척하고, 소독과 건조까지 철저히 이루어져야 합니다. 예를 들어, 클리퍼 날은 털을 깨끗이 제거한 후 전용 솔로 닦아내고 윤활유를 발라 보관함으로써 날의 상태를 유지해야 합니다. 가위는 사용 후 즉시 깨끗하게 닦아주고, 습기가 없는 곳에 보관해 녹이 생기지 않도록 주의해야 합니다. 이 밖에도 브러시나 빗, 타월 같은 도구들도 각각의 재질과 특성에 맞게 물세척 또는 소독 후 잘 건조시켜 보관해야 위생적인 다음 사용이 가능합니다.

Q 미용이 끝난 후 인계하는 보호자에게 어떤 내용을 안내해 주면 좋나요?

A 미용이 끝난 후에는 보호자에게 반려견의 피부 상태와 미용 과정 중 발견된 특이사항을 자세히 안내하는 것이 중요합니다. 또한, 미용 후에 발생할 수 있는 피부 자극이나 털 엉킴 등 문제점과 그에 따른 관리 방법을 구체적으로 설명해 주는 것이 좋습니다. 예를 들어, 적절한 빗질 방법, 샴푸제 선택과 올바른 사용법, 그리고 특히 겨울철에는 보습 관리에 관한 조언도 함께 제공하면 도움이 됩니다. 이러한 안내는 보호자가 반려견의 건강과 미용 상태를 지속적으로 잘 관리할 수 있게 하여, 다음 미용 시에도 원활한 진행이 가능하도록 돕고, 미용 후 발생할 수 있는 문제를 예방하는 데도 큰 역할을 합니다.

5) 실습자 태도 및 기본 자세

Q 실습할 때 가장 기본적인 자세나 마음가짐은 무엇인가요?

A 실습할 때 가장 기본적인 자세와 마음가짐은 반려견을 존중하는 태도와 인내심을 갖는 것입니다. 급하거나 조급한 행동은 사고를 유발할 수 있을 뿐만 아니라, 반려견에게 불필요한 스트레스를 줄 수 있으므로, 언제나 차분하고 침착하게 접근하는 것이 중요합니다.
이러한 마음가짐은 반려견과의 신뢰를 쌓고 안전한 실습 환경을 만드는 데 큰 도움이 됩니다.

Q 실습 시 권장되는 복장은 어떤 건가요? 손톱이나 액세서리(반지, 팔찌, 시계), 향수는?

A 애견미용사에게는 위생적이고 단정한 인상은 매우 중요합니다. 실습 시에는 앞치마나 미용가운을 입어 전문적이고 청결한 이미지를 유지함과 동시에 활동성과 안전을 우선해야 하며, 미끄럼 방지 기능이 있는 신발을 신는 것이 권장됩니다. 긴 머리는 반드시 묶어 작업 중 방해가 되지 않도록 해야 합니다. 또한, 손톱은 짧게 깎고 화려한 네일아트는 피하는 것이 좋습니다. 이는 반려견을 다치게 할 위험을 줄이기 위함이며, 반지, 팔찌, 시계 등 액세서리는 실습 중 착용하지 않는 것이 안전합니다. 과도한 향수 사용도 후각이 예민한 반려견과 보호자에게 불편을 줄 수 있으므로 삼가야 합니다.

Q 실습 중에 이어폰을 착용해도 되나요?

A 실습 중에는 이어폰 착용이 허용되지 않습니다. 이어폰을 착용할 경우 반려견의 소리나 주변 상황을 놓치기 쉽고, 이로 인해 안전사고가 발생할 위험이 있습니다. 또한 강사의 지시를 즉시 듣기 어려워 집중력이 떨어질 수 있으므로, 실습 시에는 이어폰을 착용하지 않는 것이 원칙입니다.

6) 향후 보호자 응대 및 커뮤니케이션 팁

Q 보호자가 미용 스타일에 대해 명확하지 않을 때 어떻게 해야 하나요?

A 보호자가 미용 스타일에 대해 명확하지 않을 경우, 사진이나 샘플을 보여드리며 원하는 스타일을 구체적으로 확인하는 것이 중요합니다. 단순한 추측으로 미용을 진행하면 오해가 생길 수 있으므로, 반드시 보호자와 충분히 소통하여 정확한 요구를 파악해야 합니다.

Q 보호자가 미용 과정을 참관할 수 있나요?

A 보호자의 미용 과정 참관 여부는 실습의 안전성과 반려견의 집중도를 고려하여 상황에 따라 제한될 수 있으며, 사전에 보호자에게 안내하는 것이 필요합니다. 최근에는 CCTV를 통해 모니터로 실시간 중계하거나, 오픈 미용실 형태로 진행하는 경우도 많아 보호자가 편안하게 과정을 볼 수 있도록 하는 방안이 활용되고 있습니다.

Q 미용 후 반려견이 긁거나 불편해하는데, 왜 그런가요?

A 미용 후 반려견이 긁거나 불편해하는 이유는 피부에 자극이 가해졌거나, 알레르기 반응이 나타났기 때문일 수 있습니다. 특히 클리퍼로 털을 너무 짧게 깎은 경우, 날에 의한 미세한 자극으로 가려움증이 유발될 수 있습니다. 이럴 때는 적절한 연고나 보습 크림을 발라 피부 상태를 개선해 주는 것이 도움이 되며, 증상이 가볍다면 자연적으로 호전되기도 합니다. 하지만 호전되지 않고 증상이 심하거나 장기간 지속될 경우에는 수의사의 진료를 받는 것이 안전합니다.

참 / 고 / 문 / 헌

Centers for Disease Control and Prevention. (2023). Chemical disinfectants.
In: Guideline for Disinfection and Sterilization in Healthcare Facilities.
https://www.cdc.gov/infection-control/hcp/disinfection-sterilization/chemical-disinfectants.html

Centers for Disease Control and Prevention. (2023, November 28). Disinfection methods overview.
In: Guideline for Disinfection and Sterilization in Healthcare Facilities.
https://www.cdc.gov/infection-control/hcp/disinfection-sterilization/disinfection-methods.html

Iowa State University, Center for Food Security and Public Health. (2017). Disinfection 101.
https://www.cfsph.iastate.edu/Disinfection/Assets/Disinfection101.pdf

김극명. (2022). 「사회복지현장실습(가이드북&실습일지)」. 어우리

김병수 외 공역. (2023). 「동물공중보건학」. 박영스토리 : P. 8, 9

김옥진 외 공역. (2021). 「동물공중보건학」. 동일출판사

박병권 외 공역. (2004). 「그루밍론」. 펫미디어 : P. 60, 61, 62, 63, 64, 65, 66, 67

박은주 외 공역. (2016). 「보육실습 매뉴얼&실습일지」. 동문사

연삼흠. (2023). 「평생교육 실습일지」. 위아북스

유혜경. (2016). 「보육실습일지」. 동문사

임상실습일지편찬위원회. (2014). 「임상 실습일지」. 범문에듀케이션

필자의 선행 연구. 홍기태. (2019). 「홍기태애견미용학교본」. BOOKK : P.16, 21, 22, 53, 54, 55, 56

한국애견연맹. (2016). 「최신트리머매뉴얼」. 사단법인 한국애견연맹 : P.13, 14, 15, 16, 17, 18, 35, 36, 37, 38, 39, 40, 41, 42

한국애견연맹. (2021). 「펫트리머교재」. 사단법인 한국애견연맹

한국애견연맹. (2024). 애견미용사 자격시험 안내. https://www.thekkf.or.kr

한국애견협회. (2024). 자격시험 정보. https://kkc.or.kr

고용노동부. (2022). 「국가직무능력표준개요」 : 2p, 112p, 113p
https://www.ncs.go.kr/unity/hth01/hth0101/selectNcsModuleReport.do

국민재난안전포털. (n.d). 사회재난행동요령-화재.
https://www.safekorea.go.kr/idsiSFK/neo/sfk/cs/contents/prevent/SDIJKM5116.html?menuSeq=127

농림축산식품부. (2024). 동물보호법시행규칙. 국가법령정보센터
https://www.law.go.kr/lsInfoP.do?lsiSeq=271385&efYd=20250602#0000

소방청. (2019). 반려동물 응급처법, 함께 따라 해 봐요.
https://www.nfa.go.kr/nfa/news/pressrelease/press/?boardId=bbs_0000000000000010&mode=view&cntId=520&category=&pageIdx=1&searchCondition=all&searchKeyword=%EB%B0%98%EB%A0%A4%EB%8F%99%EB%AC%BC

소방청. (2019). 화재, 심폐소생술, 응급처치 등 국민행동요령: 화재 발생 시 행동요령.
https://www.nfa.go.kr/nfa/news/notice/?boardId=bbs_0000000000000009&cntId=25&mode=view

중앙전파관리소. (2018). 지진 및 화재 발생 시 국민행동요령.
https://www.crms.go.kr/lay1/bbs/S1T30C31/A/10/view.do?article_seq=23792

한국고용정보원. (2023). 반려동물미용사-직업정보. 워크넷(고용24)
https://www.work.go.kr/consltJobCarpa/srch/jobInfoSrch/srchJobInfo.do?searchCode=애완동물미용사

한국산업인력공단. (2023). 국가직무능력표준(NCS) : 애완동물미용. https://www.ncs.go.kr

애견미용 전공 실습서

: 전문대학 과정 실습일지 및 실무매뉴얼

초판 1쇄 인쇄 / 2025년 9월 20일
초판 1쇄 발행 / 2025년 9월 25일

•

공저자 / 최 혁·홍기태
발행인 / 이 중 수
발행처 / **동 문 사**

•

서울특별시 서대문구 홍제원 1길 12
(홍제동 137-8)
Tel : 02)736-3718(대), 736-3710, 3720
Fax : 02)736-3719
등록번호 : 1974.04.27. 제9-17호
가격 : 20,000원

•

ISBN : 979-11-6328-717-9 (93490)
E-mail : dong736@naver.com
www.dongmunsa.com

저자와의 합의하에 인지는 생략합니다.